KB253486

대한민국 리스크-재난편

한반도 대재난,
대책은 있는가

차례
Contents

03재난과 사회 08사례를 통해 살펴본 재난의 현주소 29한반도에 영향을 미칠 대재난 66재난관리 시스템의 실태와 문제점 84효율적인 재난관리를 위해

재난과 사회

재난(災難)이란 무엇일까? 사전적으로 재난은 날씨 등의 자연현상 변화 또는 인위적 사고로 인한 인명이나 재산의 피해를 뜻한다. 언제 어디서나 발생할 수 있기 때문에 우리 사회의 보이지 않는 위험의 대표적인 사례가 재난이라 할 수 있다.

일반적으로 재난은 자연 재난, 인적 재난, 사회적 재난, 복합 재난 등으로 분류된다. 자연 재난은 자연적 현상에 의해 발생하는 재난을 말하며 태풍, 폭우, 폭설 등이 포함된다. 반면 사람에 의해 발생하는 재난을 인적 재난이라 부른다. 즉 태안 기름유출 사고, 방화로 인한 화재 및 산불, 정전 사태 등이 이에 해당한다. 사회적 재난은 파업으로 인한 손실, 테러, 금융 위기 등 사회 부조화 속에서 벌어지는 일련의 사태를 말한다. 최근 발생한 천안함이나 연평도 사태 등 전쟁 및 국지전도 사회적 재난에 속한다. 이렇게 재난은 재난을 일으키는 주체가 누구냐에 따라 구분할 수 있다. 최근 들어 재난은 점점 다양해지고 있으며, 두 가지 이상의 원인이 결합되어 발생하기도 한다. 이처럼 복합적인 이유에서 비롯된 재난을 복합재난이라고 부른다.

우리 역사 속의 재난

따지고 보면 인류의 역사는 재난의 역사라 해도 과언이 아니다. 인류는 지금까지 다양한 재난과 싸웠으며 그 싸움에서 생존하여 현재에 이르렀다. 다양한 재난 중에 가장 많은 사람들의 목숨을 앗아 간 재난은 바로 기아이다. 지진, 화산폭발, 해일, 질병 등에 의해 목숨을 잃은 사람의 수를 모두 합치더라도 굶어 죽은 사람의 수에 절반에도 미치지 못한다. 따라서 인류의 가장 큰 적은 예나 지금이나 식량 부족이라고 할 수 있다. 1990년대 약 10년 동안 북한에서는 기아로 350만 명이 목숨을 잃어 20세기 최악의 재난으로 꼽히기도 했다.

우리나라만 살펴봐도 재난은 인류와 질긴 인연을 이어 오고 있음을 확인할 수 있다. 『삼국사기』에는 수해를 일으킨 폭우가 40여 회나 기술되어 있다. 삼국시대에는 수해뿐만 아니라 한해 (旱害: 가뭄으로 입은 피해)도 엄청났다. 가뭄과 굶주림에 의한 비참하고 심각한 상황들을 『삼국사기』의 기록으로 살펴볼 수 있다. 『삼국사기』에서 가뭄은 굶주림의 정도에 따라 그 심각성을 분류하고 있는데, 그중 가장 가벼운 가뭄은 한(旱)으로만 기술하고, 큰 가뭄은 대한(大旱)으로 구분해 그 상황까지 묘사했다. 대한이 있으면 기(飢) 또는 기(饑)로 표시되는 큰 굶주림이 따랐으며, 수많은 인명피해도 있었다.

고려시대는 삼국시대의 기록보다 훨씬 많은 재해 기록을 남겼다. 고려시대에도 삼국시대와 마찬가지로 물난리가 극심했다. 『고려사』를 살펴보면 수해는 폭우 85회, 홍수 19회로 도합 104회나 된다. 즉 고려조 474년 동안 매 5년에 한 번씩 대홍수를 겪었던 셈이다. 기록을 보면 고종 12년(1225년) 여름비는 이틀 만에 평지의 수심이 7~8척(약 2미터)이나 됐다는 기록이 전해지고 있다. 인명피해가 심했던 때는 명종 16년(1186년)으로 민가 100여 호가 떠내려갔고, 사람이 천 명이나 죽었다는 기록이 있다.

고려시대에는 수해 못지않게 한발(旱魃: 심한 가뭄)도 격심했다. 『증보문헌비고』에 따르면 메뚜기의 극성으로 곡식에 많은 피해를 준 황(蝗)이 21회나 발생했다고 한다. 또한 한 14회, 대한 23회, 불우(不雨) 2회가 발생했고, 굶주림인 기가 18회, 대기(大饑)가 12회에 달했다. 그중 가장 심했던 기근은 공민왕 9년 4월 경상도와 전라도에 있었다. 이때 굶어 죽은 사람이 전 인구의 반이나 됐으며 죽어서 길에 버려진 수는 이루 헤아릴 수 없었다고 한다.

조선시대에는 순조 때 재난피해가 가장 심했다. 홍수를 빈번히 겪었는데, 거의 매년 홍수를 만나는 연속 홍수 기간도 있었다. 순조 17년(1817년) 6월의 기록을 보면 장맛비가 여러 달 동안 내렸는데, 남쪽 삼도가 특히 피해가 심해 물에 떠내려간 민가를 헤아리기조차 어려웠다고 한다.

이렇듯 재난은 과거부터 지금까지 계속되고 있다. 자연의 영향을 많이 받던 고대부터 고도로 문명화된 현대에 이르기까지 재난은 늘 인류와 함께했다. 이런 의미에서 인류의 역사는 재난 극복의 역사라고도 할 수 있다.

재난관리 또한 시대적인 재난환경의 변화 및 재난유형의 다양화에 따라 방식이 변해 왔다. 지금은 국가재난관리 전담기구를 중심으로 자연 재난, 인적 재난, 사회적 재난에 대한 과학적 재난관리 체계를 구축하고 있다. 다양한 유형의 재난에 대해 우리 헌법도 제34조 제6항에서 "국가는 재해를 예방하고 그 위험으로부터 국민을 보호하기 위해 노력하여야 한다."라고 규정하고 있다.

재난은 우리가 예상치 못한 상황에서 갑자기 발생하기에 사전 대책이 무엇보다도 필요하다. 이는 소 잃고 외양간 고치는 식의 대응 자세를 바꾸어야 한다는 뜻이다.

재난불감증에 빠진 현대인

지구의 지도는 한순간에 바뀔 수 있다. 때로는 이런 엄청난 일이 하룻밤 사이에 벌어지기도 한다. 오늘의 아름다운 자연이 내일은 흉측한 모습으로 변할 수 있다. 하지만 대부분의 사람들은 우리 인생에 있어 재난을 그저 먼 나라 이야기처럼 생각하는 경우가 많다.

물론 재난에 민감한 일부 사람들은 재난에 대비하여 날씨 변화에 대해 귀를 기울이고 집 주변 정비를 철저히 하기도 한다. 하지만 이런 사람들은 극히 일부에 불과하며, 대부분의 사람들은 "설마 내가 재난을 당하지는 않겠지."라고 생각하는 재난불감증에 빠져 있다.

단적인 사례가 있다. 2009년 소방방재청이 '국민안전의식 자가진단'을 위한 이벤트를 실시했다. 여기서 소방방재청은 '생활안전' '소방안전' '재난안전' 등 세 가지 영역 45개 항목에 대해서 개인안전의식지수를 측정했다. 등급은 Blue(안전의식 우수, 69.05점 초과), Yellow(안전의식 보통, 43.41~69.05점), Red(안전의식 미흡, 43.41점 미만) 등 3등급으로 표시했다. 진단 결과 대부분의 사람들이 Yellow 등급이나 Red 등급을 받았다.

'국민안전의식지수(PSCI)'란 일상생활과 재난 및 응급상황 발생 시 안전한 행동을 통하여 안전사고를 예방하고 인적 재난을 최소화할 수 있는 개인의 안전 역량 행태와 태도, 습관, 지식을 측정하는 척도다. 국민안전의식지수가 낮다는 것은 그만큼 우리 사회가 재난을 예방하고 인적 재난을 최소화하는 역량이 부족하다는 뜻이다.

사례를 통해 살펴본 재난의 현주소

21세기를 뒤흔든 해외의 재난

2000년부터 2010년까지 발생한 전 세계의 재난은 100년 전에 비해 40배 정도 증가했다. 또한 1970년대 96건에 불과했던 연평균 재난 수는 1980년대 190건, 1990년대 272건, 2000년대 이후 464건으로 폭발적으로 증가했다. 최근 5년 동안 발생한 총 2,788건의 재난 중에서는 홍수, 태풍, 가뭄 등 기상재난이 2천여 건으로 가장 많았으며, 그 다음으로는 지진 등 지질 재난, 생물학적 재난 순이었다.

우려스러운 점은 2008년 이후 지구촌에서 발생한 지진, 태풍, 홍수 등 자연 재난은 과학의 발전을 비웃듯 해를 거듭할수록 많은 사상자를 내며 대형화되는 추세를 보이고 있다는 점이다.

9·11테러로 시작된 21세기 재난

2000년대 가장 큰 재난 중 하나로 2001년에 발생한 '9·11 테러'를 들 수 있다. 9·11테러는 2001년 9월 11일 이슬람 테러단체가 뉴욕의 110층 세계무역센터(WTC) 쌍둥이 빌딩과 워싱턴의 미국 국방부 건물에 자신들이 납치한 민간 항공기를 충돌시킨 자살테러 사건이다. 이 사건으로 인해 수천 명의 사망자가 발생해 전 세계가 충격에 휩싸였다. 네 대의 비행기에서 총 265명이 사망했으며, 세계무역센터에서는 2,605명이 사망, 90명이 실종됐다. 미국 국방부 건물에서도 직원 125명이 사망했다.

남아시아를 덮친 쓰나미

2004년 12월 26일 남아시아에서 발생한 쓰나미(tsunami: 지진해일)는 재난이 인류를 얼마나 고통스럽게 할 수 있는지를 보여 줬다. 인도네시아 등 남아시아 12개국에 피해를 입힌 쓰나미는 23만여 명의 사망·실종자와 150만여 명의 이재민, 약 107억 3천만 달러의 재산피해를 입히고 지구촌을 슬픔과 공포로 몰아넣었다.

특히 피해가 가장 심했던 인도네시아 반다아체는 800킬로미터에 이르는 아름다운 해안선이 쑥대밭으로 변했다. 아체 주에서만 13만여 명이 숨지고, 4만여 명이 아직도 실종된 상태이다. 남아시아 쓰나미는 1970년 방글라데시에서 발생해 50만 명이 사망·실종되었던 사이클론에 이어 세계 최악의 자연재해로 기록됐다.

허리케인 카트리나 미국 강타

2005년 8월 30일에는 허리케인 카트리나(Katrina)가 미국을 강타했다. 카트리나로 인해 가장 큰 피해를 입은 지역은 미국 뉴올리언스이다. 카트리나로 인해 폰차트레인 호수의 제방이 붕괴되면서 뉴올리언스 대부분 지역에서 물난리가 일어났다. 게다가 뉴올리언스는 지역의 80퍼센트 이상이 해수면보다 지대가 낮아 들어온 물이 빠지지 못하고 그대로 고여 있어 피해가 장기간 지속됐다.

카트리나로 인해 뉴올리언스에 살고 있던 주민 중 2만 명 이상이 실종됐다. 인근 슈퍼돔(superdom: 초대형 경기장)에 6만 명 이상, 뉴올리언스 컨벤션 센터에 2만 명 이상이 대피했다. 그러나 두 수용시설의 전기가 끊기고, 물 공급 및 환기마저 제대로 되지 않아 이재민들의 불만을 키웠다. 또한 폐허가 된 시가지에서 약탈, 총격, 방화, 강간 등 각종 범죄가 계속 일어났고, 이재민의 대부분을 차지하는 흑인들의 인종 갈등 조짐까지 보였다.

이상기후에 휩싸인 2006년

2006년도는 고온으로 전 세계가 앓은 해였다. 이 시기 지구 평균기온은 섭씨 14.0도로 평년(1961~2000년)보다 0.42도 높아 관측 이래 여섯 번째로 더운 해로 기록됐다. 특히, 북반구는 섭씨 14.6도로 평년보다 0.58도 높아 관측 이래 최고 순위 중 네 번째로 더운 해로 기록됐다.

지역별 강수량의 편차가 극심하여 소말리아, 케냐, 호주, 중국 등에서는 가뭄이, 모로코, 알제리, 필리핀, 동유럽 등에서는 홍수가 많은 피해를 입혔다.

1월에는 중국, 러시아, 유럽 등에서 기록적인 한파와 폭설로 수십 명이 사망하고 수만 명이 대피했다. 중국 북서 지역 신장 자치구에서는 영하 43도까지 떨어지는 한파 속에서 폭설로 가옥이 무너져 주민 10만여 명이 대피했다. 러시아, 독일 등 유럽은 이상한파로 사망자가 150명을 넘어서기도 했다.

2월에는 필리핀, 브라질, 러시아에서 폭우와 폭설로 수천 명이 사망하거나 실종됐다. 필리핀의 레이테 섬에서 2주간 계속된 집중호우(2,000밀리미터)와 진도 2.6규모의 지진으로 산사태가 발생하여 사망 72명, 실종 1,408명의 피해가 발생했고, 브라질 아크레 주에서는 폭우로 3만여 명의 이재민이 발생했다. 러시아 모스크바에서는 폭설(44센티미터)로 눈의 무게를 견디지 못한 건물이 무너져 56명이 죽고 32명이 다치기도 했다.

8월에는 중국 남부를 강타한 태풍 '쁘라삐룬'으로 광둥성, 광시성 등에서 89명이 죽거나 다쳤다. 또한 태풍 '사오마이'로 푸젠성, 저장성 등에서 사망 441명, 530명이 죽거나 다쳤다.

중국 쓰촨성 지진

2008년 5월, 중국의 서남부 쓰촨(四川)성 지진이 세계를 뒤

흔들었다. 리히터 규모 8.0의 강진이다. 9만여 명 이상이 사망하거나 실종됐고, 부상자만도 무려 35~40만 명에 이른다.

직접적인 경제 피해만도 약 1,500억 위안(약 22조 5천억 원)으로 추산되는데, 이 같은 피해액은 지난 10년간 중국에서 일어난 각종 자연재해 손실 총액의 70~75퍼센트에 해당한다. 피해지역의 복구에도 최소한 3~4년 이상 걸릴 것으로 중국 당국은 예상했다.

쓰촨성 지진은 지난 1976년 7월 24만 명의 사망자를 낸 규모 7.8의 탕산 지진 이후 중국에 닥친 역대 최악의 재난이기도 했다.

또한 2008년 5월 3일 미얀마를 강타한 사이클론(열대성 태풍) '나르기스'로 미얀마 수도인 '양곤' 등 중남부 5개 주에서 13만 5천 명의 사상자와 약 100억 달러(약 10조 원)의 재산피해가 발생했다.

하지만 미얀마 군사정부가 내정을 이유로 국제구호단체의 지원을 거부하면서 전염병·기아 등 2차적 피해가 속출했다. 결국 이 재해는 안이한 재난 사후대책과 재난 구호에 대한 국제적 협력부족을 반성하는 계기가 되었다.

지진과 신종플루 확산

2009년 4월 6일 이탈리아 중부지방에 규모 6.3의 지진이 발생했다. 이탈리아 당국에 따르면 이탈리아 로마에서 동쪽으로 85킬로미터 떨어진 아브루초 주에 강진이 덮쳐 최소 100여 명이 숨졌고 1,500여 명이 부상을 입었다고 한다.

당시 이재민이 최대 5만여 명에 이르렀지만 이들을 수용할 수 있는 시설은 크게 부족했다. 귀도 베르톨라소 아브루초 주 시민보호국장은 이 지진이 2000년 이후 최악의 참사라고 말했다.

그리스 산불 역시 2009년 세계의 재난에서 빠지지 않는다. 산불은 2009년 8월 21일에 아테네에서 북동쪽으로 약 25마일 떨어진 그람마티코에서 시작하여, 교외 지역으로 급속히 번졌으며, 이후 30여 일간 마을 14곳을 불태웠다. 이로 인해 아요스 스테파노스 주민 1만 명이 대피하기도 했다.

9월 30일에는 인도네시아 수마트라섬 파당시 남동쪽 215킬로미터 떨어진 곳에서 리히터 규모 6.6의 지진이 일어났고, 서북쪽 53킬로미터 떨어진 곳에서도 리히터 규모 7.6의 강진이 발생했다.

이 재난으로 1,100명의 사상자가 발생했다. 파당시에서는 수업이 진행되던 4층 건물이 무너져 어린 학생 수십 명이 숨지거나 실종됐으며, 무너진 5층 호텔에서 투숙객 등 적어도 80명이 실종됐다.

2009년에는 신종플루의 확산으로 인해 목숨을 잃은 사람이 만 명이 넘었다.

세계보건기구(WHO)는 2009년 4월 첫 감염자가 발견된 이래, 2009년 12월 세계적으로 208개 나라에서 신종플루 감염 사례가 확인됐다고 밝혔다. 사망자는 10,582명에 이르렀다. 대륙별로는 아메리카가 6,300여 명으로 가장 많고, 유럽이 1,600여 명이었다. 다음으로 서태평양과 동남아시아 지역이 각각 1,020명과 890여 명으로 뒤를 이었다.

아이티, 칠레 지진과 아이슬란드 화산폭발

2010년에도 지진과 아이슬란드 화산폭발 등 자연재해가 잇따랐다. 2010년도의 경우 사망자는 약 26만 명으로 1976년 이후 가장 높은 수치였다.

그중 가장 많은 사상자가 발생한 것은 1월 12일 발생한 아이티 지진으로, 22만 명이 목숨을 잃었다. 당시 규모 7.0의 강진이 아이티를 강타하면서 수도 포르토프랭스의 대통령궁을 비롯한 주요 정부기관 건물 및 가옥 등이 무너져 내렸다.

이 지진으로 아이티 전체 국민의 3분의 1에 달하는 300만 명이 피해를 입었으며 건물 잔해에 깔린 시신들로 아이티는 전쟁터보다 더 참혹한 모습을 보였다. 살아남은 난민들은 먹을 것을 구하기 위해 약탈을 감행하기도 했다.

2월 27일 칠레에서도 규모 8.8의 강진과 지진해일(쓰나미)이 발생해 500여 명이 목숨을 잃었고, 4월 14일에는 중국 칭하이성에서 7.1 규모의 강진이 발생해 2천여 명이 사망했다.

4월에는 아이슬란드의 화산폭발로 화산재가 번지면서 9·11 테러 이후 최악의 항공대란이 벌어졌다. 당시 유럽 하늘을 뒤덮은 화산재로 인해 독일, 영국 등 주요 국가의 비행기 운항이 전면 중단되면서 관광, 물류 수송 등이 큰 차질을 빚었다.

뉴질랜드 남섬의 최대도시인 크라이스트처치에서 규모 7.1
의 강진이 발생했다. 이날 지진은 크라이스트처치에서 북서쪽
으로 약 30킬로미터 떨어진 곳의 지하 33킬로미터 지점에서
발생했으며, 남섬 대부분과 북섬 남단의 일부 지역에서 진동이
감지됐다. 규모 5.1을 포함해 수십 차례 여진도 계속됐다.

뉴질랜드 민방위부는 지진으로 도심 지역 빌딩 90채를 포함
해 빌딩 500채가 파괴됐으며, 도로 곳곳이 갈라지고 전기, 가
스, 수도 등의 공급이 끊겼다고 말했다. 하지만 사망자는 단 한
명도 없었다.

재난 속에서 감동의 드라마가 연출되기도 했다. 8월 칠레 북
부 산호세 광산 붕괴 사고로 광부 33명이 매몰되는 사고가 발
생했다. 하지만 이들은 지하 700미터 갱도에서도 희망의 끈을
놓지 않고 버텨 마침내 69일 만에 극적으로 구조됐으며 전 세
계는 이들의 구조 장면을 지켜보며 환호했다.

호주 대홍수

2010년 12월 말부터 호주 북동부에서는 대규모 홍수의 영
향으로 20만 명 이상의 이재민이 발생했다. 피해 면적은 프랑스
와 독일을 합친 것보다 컸으며 20만 명 이상의 이재민이 발생했
다.

호주 퀸스랜드 주의 경우 하루 동안 내린 폭우로 강이 범람
했으며, 수천 개의 집과 사무실이 유실됐다. 주민들이 홍수로
인해 생활터전을 잃어버렸으며 도로 유실과 농작물 손실 등 심

각한 재산피해가 발생했다. 호주 방송국의 관계자는 전례에 보기 드문 비극이라며 22개 지역의 피해 주민들은 홍수로 인해 주변이 침수되거나 고립돼 외부와 단절된 도시로 남게 됐다고 표현했다.

한편 파나마의 수도 파나마시티에서는 '물 부족'으로 100만 명 이상의 시민이 불편을 겪었다. 파나마 수도 당국(이하 IDAAN)은 상습 단수 지역에 물탱크 차량 68대를 비상 동원해서 수돗물을 공급했고, 특히 병원, 공항 등 필수 공공시설 등에는 우선으로 지원했다. 하지만 물 부족 사태와 함께 수돗물 수질마저 악화되면서, 설사환자도 2009년보다 두 배가량 폭증했다.

동일본 대지진

2011년 3월 11일 14시 46분경 일본 혼슈 센다이 동쪽 179킬로미터 해역에서 9.0 규모의 강진이 발생해, 수천 명이 사망했다. 그리고 1만여 명의 실종자와 수십만 명의 이재민이 발생했다. 사상 최악으로 불릴 만큼 강력한 일본 대지진으로 전 세계는 충격에 휩싸였다.

지진 대비가 가장 잘된 국가로 일본을 꼽고 있지만 이번 여파는 매뉴얼 사회 일본조차 충격에 빠뜨렸다. 특히 산업의 경우 일부 자동차와 정유공장, 플래시 메모리공장 등이 일시 생산을 중단했고, 원자력발전소의 방사능 누출로 인근 주민 수십만 명에게 대피령이 내려졌다.

글로벌 전문가들은 대지진으로 일본의 GDP가 5퍼센트가량 감소했다고 말했다. 금융·산업기반의 붕괴와 '경제 재앙'의 서막이 오른 게 아니냐는 불안한 추측도 조심스럽게 나오고 있다. 피해조사는 앞으로도 계속되겠지만, 피해규모가 천문학적인 숫자에 달할 것이라는 보고도 잇따랐다.

하지만 대지진 당시 일본 국민들은 침착했다. 지진과 쓰나미로 인해 땅이 꺼지고, 건물이 무너지고, 화염이 치솟고, 차량이 뒤엉키는 가운데에도 건물방재센터의 지시와 재난 매뉴얼에 따라 시민들은 침착하게 행동했다.

정부는 즉각 방재시스템을 가동했으며, 상비된 헬멧을 찾아 쓰고 대피소 앞에서 줄을 서는 시민들의 모습은 가히 놀라움이었다. 역사로부터 재난을 배웠고 이에 대한 대비 훈련을 일상화한 덕분이었다.

터키 대지진과 태국의 폭우

2011년 터키 동남부 지역에서 발생한 리히터 규모 7.2의 강진으로 최소 272명이 사망한 것으로 집계됐으며 1,090명이나 부상한 것으로 나타났다. 터키정부는 터키를 강타한 지진으로 432명이 숨지고 1,352명이 다쳤다고 공식 집계했다.

태국도 50년 만의 최악의 홍수로 수도 방콕을 포함한 태국 전 국토의 70퍼센트가 물에 잠기고 사망자가 늘어나는 등 큰 피해를 입었다. 최소 366명이 숨졌으며, 11만 3천여 명의 이재민이 임시 대피소에서 생활하고, 약 70만 명이 부상과 질병 등으로 신음했다.

경제 손실은 최소 1,500억 바트, 우리 돈으로 약 6조 원에 달할 것으로 추산됐다. 태국 정부는 2011년 국내 GDP 성장률 전망치를 기존 3.7퍼센트에서 2퍼센트대로 하향 조정했고, 태국 중앙은행은 기준금리를 3.5퍼센트로 동결했다.

한편 세계은행과 국제통화기금(IMF)은 공동보고서를 통해, 세계 경기침체 여파로 오는 2015년까지 5,300만 명 이상이 극도의 빈곤층으로 추락할 것이라고 경고했다.

또한, 세계적인 경기 침체와 식량 가격 급등으로 앞으로 5년 동안 어린이 120만 명이 기아로 인한 죽음에 직면하게 될 것이라고 지적했다.

보고서는 세계 인구 6명 가운데 1명꼴인 10억 명 이상이 기본적인 식량을 마련하기 위해 애쓰고 있고, 유아와 임산부의 경우 질병이 늘어 결국 죽음으로까지 내몰리고 있다고 밝혔다. 아시아·아프리카·남아메리카의 개발도상국에 사는 수백만 명은 강력한 경기 회복세에도 불구하고 어려움을 겪을 수 있다고 내다봤다.

다만, 하루 1,385원도 안 되는 돈으로 생활하는 극도 빈곤층은 1990년 18억 명에서 오는 2015년에는 9억 2,000만 명으로 줄어들 것으로 예상했다.

국내의 재난

국내도 지난 10년간 크고 작은 재난들이 우리나라를 휩쓸고 지나갔다. 그중 2002년 태풍 루사, 2003년 대구 지하철 화재사고, 2007년 태안 기름 유출은 기억하기 싫은 상흔으로 남았다.

이외에도 2003년 태풍 매미 상륙, 2004년 중부지방 대설, 2005년 2월 강원도 양양 산불 등이 있었으며, 2005년 대구 서문시장 화재, 2006년 7월 집중호우, 2007년 경기도 의왕시 공장 화재 등이 있었다.

특히 2007년 여수 출입국관리사무소 화재, 2008년 숭례문 화재, 2009년 신종플루 확산 등은 재난관리의 허점이 발생되면서 여론을 들끓게 했다. 2010년에는 태풍 곤파스의 상륙과 9월 22일 추석 폭우 등으로 큰 피해를 있었으며, 천안함, 연평도 포격으로 남북한의 긴장관계가 조성됐다.

태풍 루사와 대구 지하철 화재

2002년 최대의 자연재해는 단연 태풍 루사였다. 8월 31일부터 9월 1일까지 한반도를 강타한 루사는 강릉 지방에 하루 동안 900밀리미터가 넘는 비를 뿌리는 등 엄청나 피해로 전 세계를 놀라게 했다. 사망 124명, 실종 60명 등 모두 184명의 인명 피해와 무려 5조 4,696억 원의 재산피해를 냈다.

이재민은 모두 2만 7,619세대, 8만 8,625명으로 집계됐으며 침수피해 건물은 1만 7,046동, 농작물 피해는 14만 3,261헥타르로 나타났다. 또한 전국의 철도와 도로 등 주요 기간교통망역시 일거에 붕괴돼 침수 지역의 전기·통신·상수도 등 생활기반시설이 마비되다시피 했다.

2003년에는 대구 지하철 화재 사고가 그해를 시끄럽게 했다. 대구광역시 중구 성내동의 중앙로역 구내에서 50대 남자가 휘발유를 담은 페트병 2개에 불을 붙인 뒤 바닥에 던져 총 12량의 지하철 객차를 뼈대만 남긴 채 모두 태워 버렸다.

객차는 당시 중앙로역에 정차 중이어서 승객들은 대부분 빠져나갔으나, 불길이 반대편 선로에서 진입한 열차로 옮겨붙었다. 그렇지만 지하철 사령이 적절히 대처하지 못해, 이 열차에서 많은 사망자가 발생했다. 192명(신원 미확인 6명)이 사망하고 148명이 부상을 당했다.

사고 다음 날 정부는 대구를 특별재난지역으로 선포했으나, 사고 직후 대구광역시와 지하철 종사자들이 사고를 축소·은폐하고, 현장을 훼손하는 등 부실한 대응으로 피해가 확대된 것으로 밝혀져 더 큰 충격을 주었다.

태안 기름유출 사건

2007년 12월 7일 서해안의 태안 앞바다에서 유조선 허베이 스피릿호와 해상 크레인이 충돌하여 대량의 기름이 유출된 해양오염 사고가 발생했다.

삼성 예인선단 2척이 인천대교 건설공사에 투입되었던 삼성중공업의 해상크레인을 쇠줄에 묶어 경상남도 거제로 예인하던 도중에 한 척의 쇠줄이 끊어지면서 해상크레인이 유조선과 3차례 충돌을 일으킴으로써 발생한 사건이다.

이로 인하여 총 1만 2,547킬로리터의 원유가 유출됐다. 이는 종전까지 한국 해상의 기름유출 사고 가운데 최대 규모로 알려진 시프린스호 사건보다 2.5배 많을 뿐 아니라, 1997년 이후 10년 동안 발생한 3,915건의 사고로 바다에 유출된 기름의 총량을 합친 1만 234킬로리터보다 훨씬 많은 양이었다.

유출된 기름은 사고 당일 만리포, 천리포, 모항으로 유입됐고, 2008년 1월에는 전라남도 진도, 해남과 제주도의 추자도 해안까지 퍼진 것으로 보고됐다.

사고 발생 후 기름 확산을 막아야 할 방파제는 높은 파도와 강풍 속에서 제 기능을 하지 못했고, 오일펜스를 제때 설치하지 못하는 등 초기 대응에 실패하여 해양오염을 더욱 확산시켰다. 기름유출 한 달 만에 수거된 폐유는 유출량의 절반에도 미치지 못하는 4,175리터였으며, 폐기물 2만 5,482톤이 수거됐다.

사고 발생 한 달 만에 피해를 입은 양식장 면적만 서산시 3개 읍·면의 112개소 1,071헥타르 태안군 8개 읍·면의 361개소 4,088헥타르에 이르렀으며, 해수욕장·어장 및 증·양식 시설에 많은 피해를 입은 태안·서산·보령·서천·홍성·당진군 등 6개 시·군이 특별재난지역으로 선포됐다.

숭례문 화재와 신종 인플루엔자 발생

2008년 2월 10일 오후 8시 40분쯤, 한 시민의 방화로 숭례문 2층에서 화재가 발생했다.

소방 당국은 신고를 받고 소방차 32대, 소방관 128명을 현장에 출동시켜 불씨를 제거하고자 건물 일부를 잘라내고 물과 소화 약제를 뿌리며 화재 진압을 했지만 발화 5시간 만에 결국 전소됐다.

조사 결과 숭례문 소실의 1차 원인은 문화재청, 소방당국, 중구청 등 유관기관들이 평소 관리를 부실하게 했기 때문인 것으로 드러났다.

한편 신종 인플루엔자 A는 A형 인플루엔자 바이러스가 변이를 일으켜 생긴 바이러스다. 원래 조류 인플루엔자는 사람에게 유행이 안 되는데, 신종 인플루엔자는 사람에게 전염되도록 변이가 됐기 때문에, 2009년에는 전 세계의 많은 사람에게 퍼졌다.

신종 인플루엔자는 2009년 7월까지 멕시코·미국·캐나다·유럽·아시아 지역에서 산발적으로 감염자가 확인됐으며, 13만 명 이상의 감염자 및 800명 이상의 사망자가 100개 이상의 국가에서 확인됐다.

축산업의 기반을 흔든 구제역

2010년 11월 말 구제역이 발생하여 126일 동안 대한민국을 휩쓸었다.

경북 안동에서 처음 발생한 구제역은 모두 11개 시·도 75개 시·군에서 발생, 소와 돼지 350여만 마리가 묻혔고, 소요된 비용만 3조 원에 달했다. 동원된 인력도 연인원으로 197만

4,055명에 달했다.

국내에서 다섯 번째 발생한 이번 구제역은 특히 정부가 구제역 방역대책으로 백신접종을 결정하기 전까지는 살처분 후 매몰하는 방식으로 대응하는 바람에 전국 12개 시·도의 81개 군의 가축이 매몰 처리되는 비운을 맞았으며, 농민들의 가슴을 멍들게 했다. 가축별로는 소 15만 871마리, 돼지 331만 7,864마리, 염소 7,535마리, 사슴 3,243마리 등 6,250개 농가에서 총 347만 9,513마리의 가축이 땅에 묻혔다.

하지만 살처분 이후 매몰지에 대한 환경재난이 새로운 문제로 대두되었다. 350만 마리에 이르는 소·돼지가 전국 4천 군데가 넘는 곳에 묻혔고, 침출수 유출에 따른 환경오염이 커다란 사회문제로 떠올랐기 때문이다.

정부는 이같이 구제역 매몰지에서 환경오염 문제가 알려지자 지난 3월 말까지 사태를 수습하고, 최첨단 IT 기술로 실시간 오염 감시 체계를 만든다고 발표했다.

하지만 정부의 이 같은 발표와 상반되게 전국 살처분 매몰지에 대한 기초자료 공개를 꺼리고 있어 의구심을 불러일으키고 있다. 또한 구제역 살처분 매몰 처리 과정에서 부실하게 매몰된 실태가 속속 드러나고 있어 시민들을 불안감에 떨게 했다.

첫 구제역 발생 이후 지금까지 호남과 제주를 제외한 전국 11개 시·도의 75개 시·군·구에서 150건이 발생한 것은 기록적이었다.

농협전산망 마비

2011년 4월 12일 농협은 금융전산장애로 큰 혼란에 빠졌다. 농협은 4월 13일 긴급 복구반을 투입, 낮 12시 35분부터 창구 입출금 등의 일부 거래를 재개했다. 전산장애가 발생한 지 20시간 만의 일이다. 하지만 인터넷뱅킹과 폰뱅킹, 자동화기기 등의 거래는 오후 늦게까지 정상화되지 못했다. 농협은 이번 사고가 내부 전산망과 외부를 잇는 중계서버(IBM서버)의 장애로 인해 발생한 것이라고 설명했다.

문제는 농협의 전산망피해와 같은 사태가 이런 일이 한두 번이 아니라는 것이었다. 농협은 지난 2008년에도 해킹을 당한 후에 돈으로 해커를 무마한 사실이 드러났다.

재난전문가들은 농협이 해킹에 대해 예방이나 대비도 하지 않았고, 적절히 대응도 하지 않았다고 지적했다.

농협전산망의 전산장애를 계기로, 국가 기밀과 같은 정보전산 체계의 강화가 필요한 것으로 나타났으며 또 이에 관련된 피해가 발생할 경우 대비할 수 있는 재난관리의 필요성이 다시 한 번 제기됐다.

땅속에 묻히 고엽제

2011년 5월 13일 경상북도 칠곡 미군기지 캠프캐럴에서 때 아닌 고엽제 파문이 일어 전국을 시끄럽게 만들었다. 지난 1978년에 한국에서 군무했던 한 미군이 캠프캐럴 근처에 고엽제를 묻었다는 증언 때문이다.

5월 13일 미국 애리조나 주의 시비에스(CBS) 계열사인 케이피에이치오(KPHO) 방송은 캠프캐럴에서 근무한 전직 주한미군 전역자를 인터뷰해 독성물질을 한국 땅에 묻었다고 증언한 내용을 보도했기 때문이다. 방송은 미군이 베트남전에서 쓰던 고엽제, 이른바 '에이전트 오렌지'를 지난 1978년에 경북 칠곡의 미군기지에 대량으로 묻어서 폐기했다고 전했다.

또 5월 25일에는 모든 주한미군 부대들에 다이옥신 제초제를 없애라는 명령이 하달됐다는 주장이 제기돼 그 파장이 일었다. 이 같은 파장은 퇴역한 주한미군이 인터넷 사이트인 '한국전 프로젝트(Korean War Project)'에 주한미군 부대에 저장된 모든 다이옥신을 없애라는 명령이 내려졌었다는 글을 올렸기 때문이다.

당시 미국이 고엽제로 추정되는 물질 이외에 다이옥신 제초제를 한국에 묻으라는 명령이 있었던 것은 1978년 당시 미국 내부에서 유독성 화학물질 매립 사건이 사회적으로 큰 파장을 불러일으킨 것과 무관하지 않을 것으로 추측되고 있다.

8월의 물폭탄

2011년 7월 26일부터 27일까지 이틀 동안 서울에 500밀리미터에 육박하는 비가 내렸다. 1907년 기상 관측을 시작한 이래 7월에 이틀간 내린 강수량으로는 100년래 가장 많았다. 서울 관악구에선 지난 27일 1937년 이후 70여년 만에 최대인 시간당 113밀리미터의 집중호우가 쏟아졌다.

12시간 강수량이 80밀리미터 이상일 때 호우주의보가 발령된다는 점을 감안하면, 1시간 만에 그 이상의 물폭탄이 투하된 셈이다. 특히 지난 27일 서울에 내린 비는 7월 일일 강수량으로는 사상 최고를, 연간으로도 1907년 기상 관측 이래 3번째로 기록됐다.

동두천의 경우 더해 지난 7월 27일 449.5밀리미터의 비가 내려 7월 일일 강수량 기록을 새롭게 썼고 문산(287.0밀리미터) 역시 7월 기준으로 하루 동안 가장 많은 비가 내렸다. 인제에는 211.0밀리미터의 비가 내려 역시 7월 일일 강수량 관련 새 기록을 수립했다. 이는 월에 관계없이 연중 기준으로 확대해도 지난 7월 27일 강수량은 엄청난 수준이다.

이번 집중호우는 순간적인 침수와 지역적인 편차가 매우 큰 특징을 보였다. 지난 7월 27일의 강수량을 확인하면 관악 107밀리미터, 서초 85.5밀리미터, 강남 71밀리미터가 내린 동안 은평, 성북 등 서울 북부 지방은 5.5밀리미터 이하의 강수량을 기록했다.

국립기상연구소는 현재 한반도 평균기온은 0.18도/10년 단위로 상승해 온난화와 도시화가 급속도로 진행 중이며 강수량도 21.7밀리미터/10년 단위로 증가하고 있어 여름철 강수량 증가 추이가 뚜렷하다고 말했다.

도시 집중호우의 경우 10~20분 내에 집중적으로 내려 피해가 크기 때문에 발생가능성과 기상 정보만 파악하는 것이 아니라 구체적인 예측 강우량 정보를 확보하는 것이 시급한 것으로 나타났다.

대정전이 가져오는 암흑의 공포

2011년 9월 15일, 한반도 곳곳에서 정전 사태가 벌어졌다. 당국은 전력 수요는 급증했는데 발전소 정비 탓에 전력 공급이 따라가지 못했기 때문이라고 설명했다. 지식경제부는 이날 최대 전력수요가 6,400만 킬로와트에 머물 것으로 봤지만, 실제 6,500만 킬로와트가 넘었다.

이번 사태는 전력 수요가 많지 않을 것으로 판단한 당국이 정비를 위해 상당수 발전소의 가동을 멈췄는데 예상치 않은 늦더위로 전력 사용이 일시에 몰리자 전력 공급을 차단(순환정전)하면서 발생했다.

이번 정전 사태로 서울 시내 250여 개, 대구 181여 개 등 도심의 신호등이 멈추면서 오후 한때 극심한 교통대란이 빚어졌다. 전자 장치에 생명을 의지하고 있는 중환자들이 있는 병원에서도 갑작스러운 정전으로 심각한 상황에 처할 뻔했다. 또 전국 곳곳에서 승강기가 멈춰 구조를 요청하는 신고가 빗발쳤다.

중소기업, 자영업의 피해도 만만치 않았다. 특히 중소기업의 경우 사전에 정전에 대한 공지조차 없었던 가운데 자체 예비전력이 없어 피해가 더욱 컸다.

정전 사태가 발생한 산업단지는 총 12곳으로 서울디지털, 인천 남동, 인천 주안, 인천 부평, 경기 시화, 충남 천안, 경북 구미, 광주 첨단, 전북 군산, 전북 익산, 전남 여수, 전남 대불 등 총 12곳이다.

특히 광주 첨단단지는 단지 전체가 중단돼 조립공정 제조라인이 멈췄다. 인천 남동공단 내 입주업체들과 경기 안산 반월, 수원 등 수도권의 주요 공장단지도 전기 공급이 중단되면서 공장가동이 전면 또는 일부 중단됐다.

한반도에 영향을 미칠 대재난

한반도 대재난 내적 요인

시한폭탄이 된 백두산

최근 전 세계적으로 화산폭발이 빈번하게 발생하고 있는 가운데 우리나라에서도 백두산의 화산폭발 여부를 두고 학자들 간의 의견이 분분하다. 폭발 시기가 얼마 남지 않았다는 의견부터 10년 후에 폭발한다 등 다양한 의견들이 나오고 있다. 분명한 것은 백두산이 폭발한다면 우리나라에 큰 피해를 준다는 것이다.

그런데 화산폭발은 아주 작은 현상이 뇌관역할을 해 일어나는 경우가 많다. 미국의 A. 매튜 교수는 서인도제도에 있는 화산을 조사한 결과 최근 세 번의 폭발이 모두 갑작스런 폭우 뒤에 일어났다고 밝혔다. 아이슬란드의 에이야프얄라요쿨 화산도 빙하가 녹은 물 때문에 폭발했다. 이는 조그만 자연현상만으로도 화산폭발이 발생할 수 있다는 것이 입증된 것으로 최근 북한의 핵실험은 화산폭발의 뇌관역할을 하기에 충분하다.

백두산이 폭발한다면 화산재 등 각종 입자상 물질이 햇빛을 차단해 한반도를 비롯한 동아시아 지역에선 약 2개월 동안 2도 정도 기온이 내려갈 것으로 예측됐다.

그런데 백두산은 최대의 화산분화를 일으킨 전력이 있다. 천 년 전에 일어난 백두산 화산폭발은 발해 멸망의 원인으로 지목될 정도로 강력한 폭발로 기록되고 있다. 그러면 백두산이 폭발하면 어디가 가장 큰 피해를 입을까?

화산폭발의 주요 피해지로 꼽히는 나라는 북한과 일본이다. 남한은 다행히 화산재가 떨어지거나, 높은 온도의 용암이 흘러가면서 화재가 발생하는 등의 직접적인 피해는 일어나지 않을 것으로 전망된다. 하지만 북한의 경우는 다르다. 북한 중에서도 특히 함경도 지역의 피해가 극심할 것으로 보인다.

초대형 화산폭발 시 함경도 일대의 철도·도로·전기·수도 등 사회기반시설이 무용화될 가능성이 높고, 백두산 반경 약 100킬로미터는 산사태와 500도의 뜨거운 용암으로 인한 산불 등으로 초토화될 수 있다. 이 경우, 석탄과 화력발전소 등 함경도에 의존하고 있는 북한 에너지 수급에 회복할 수 없는 치명타를 남길 수 있다.

우리나라는 직접적인 화산재 영향은 받지 않지만, 화산재가 홋카이도 쪽으로 날아가면 태평양 항공노선이 차단될 것으로 예상된다. 항공노선이 차단될 경우 항공기 결항 등으로 아이슬란드 화산폭발로 야기된 항공 대란이 일어나게 된다.

또 천 년 전과 같은 대규모 분화가 일어나면 한반도는 물론 지구 전체에 막대한 영향을 끼칠 수 있다. 화산재가 대기 상층으로 올라가 태양 복사를 차단하면 일시적인 한랭화 현상이 일어나기 때문이다. 이로 인해 농작물에 냉해가 발생, 기근 사태를 초래할 수 있다.

백두산은 오래전부터 활발한 화산활동을 보였다. 백두산 화산폭발은 지금으로부터 약 2,840만 년 전인 신생대 올리고세로 거슬러 올라간다.

당시 소규모의 현무암이 땅이 갈라진 틈새나 주변 암석 틈새를 따라 분출됐다. 이를 시작으로 약 1,500만 년 전부터 100만 년 전까지 이 틈새를 따라 대량 분출됐다. 이 화산활동으로 현무암 용암대지인 개마용암지대가 만들어졌다. 이후 활동이 주춤해지며 백두산 천지 하부에 경사가 완만한 돔 모양의 '순상화산체'도 생성됐다.

그 후 휴지기를 지나고 약 60만 년 전부터 1만 년 전까지 계속적이고 격렬한 화산활동에 의해 일본 '후지산'과 비슷한 성층화산체가 만들어졌다.

역사적으로도 백두산의 화산폭발은 4천 년 전에 1번, 천 년 전인 서기 936년과 939년 사이에 일어났다. 폭발적인 대분화가 일어나 백두산 정상이 함몰돼 지금의 천지 칼데라의 모습을 형성하게 됐다. 뒤를 이어 서기 1403년, 1668년, 1702년, 1903년에 천지 칼데라 내에서 소규모로 화산분화가 있었다는 기록이 남아 있다.

수도권 물폭탄, 한반도 기후가 변했다

2011년 7월 26일부터 27일까지 단 이틀 사이에 서울에 내린 비는 500밀리미터에 달했고, 미처 대비할 새가 없이 많은 사람들이 수해를 입었다. 물폭탄이라고 표현할 수밖에 없을 정도의 집중호우였다. 이번 집중호우의 특징은 서울을 비롯한 중부 지방 등 좁은 지역에 집중적으로 비를 뿌렸다는 점이다.

기상청은 북태평양고기압의 가장자리를 따라 따뜻하고 습한 공기가 강한 남서풍을 타고 유입된 데 이어 대기 중, 하층의 건조한 공기가 유입되면서 대기 불안정이 강화됐다고 설명했다. 지표면과 가까운 하층 공기가 상승하면서 상층의 찬 공기와 만나고 대기 불안정이 심화됐다는 설명이다.

일반적으로 따뜻한 공기가 아래쪽에 있고 찬 공기가 위에 있으면 온도차를 해소하기 위해 따뜻한 공기는 올라가고 찬 공기는 내려오는 대류현상이 발생한다.

보통 이 현상이 일어나는 지점에 많은 비가 온다. 기상청 예보분석관은 물이 냄비에서 끓을 때 부분적으로 튀는 곳이 있는 것처럼 대기 중에서 대기 순환이 발생하는 지점에는 소나기 구름이 생기면서 그렇지 않은 지역과 강수량에서 차이를 보이게 된다고 말했다.

여기에다 사할린 부근에 머물며 한반도 대기 순환을 가로막고 있는 저지고기압으로 인해 기압계의 흐름이 정체되면서 좁은 지역에 강수가 집중돼 폭우가 쏟아진다는 게 기상청의 설명이다.

즉 대기 불안정으로 형성된 소나기구름이 중부 지역을 덮고 있는 형국인 것이다. 반면 남부 지방은 상층의 찬 공기가 북태평양 고기압 세력에 막혀 더 이상 내려가지 못해 대기 불안정이 발생하지 않으면서 집중호우가 나타나지 않았다.

이처럼 집중호우가 자주 내리는 이유는 최근 들어 가속화되는 지구온난화에 따른 한반도 아열대화 때문이다. 2070년까지 지구 온도가 2도 올라간다고 가정하면 강우 강도가 2.5배 높아진다는 연구 결과가 있으며, 2011년의 집중호우도 여기에서 비롯됐을 가능성이 충분히 있다. 또 지구온난화에 따라 지표면과 하층 대기 사이의 에너지 교환이 활발해지고 있으며 대기 순환이 활발해지면서 비가 오는 빈도나 양이 늘어나고 우기가 빨라졌다.

때문에 한반도 기후가 더워지면서 국지성 호우가 아열대 지방에서 내리는 '스콜'처럼 변화하고 있다. 이러한 강수량 변화는 동아시아 기후변화 전망과 동일하다. 현재 온실가스 증가로 인한 기온이 상승하고 대기순환 패턴이 변화함에 따라 동아시아 일대에 여름 강수량이 증가하고 있다.

동아시아는 전반적으로 평균 강수량, 강수 강도, 강수 극값이 증가하고 있으며 우리나라의 경우 강수 극값과 강도가 급격하게 증가하고 있다.

도시 집중호우는 10~20분 내에 집중적으로 내려 피해가 발생한다. 정부는 오는 2020년까지 연간 약 1조 원의 치산치수 사업비를 투자할 방침이라 밝혔지만 정작 2003년 이후 홍수피해 복구에 2조 7천억 원의 예산을 투입했지만 그 효과는 아직도 미지수이다.

폭설과 한파

겨울철 폭설, 한파는 최근 들어 매년 발생하고 있다. 특히 폭설 이후 급격히 기온이 내려가는 한파가 내습하고 있다. 이에 따라 한파는 폭설과 더불어 대표적인 동아시아의 겨울철 재난 중 하나로 꼽히고 있다.

우리나라의 한파는 겨울철 동아시아의 한파와 밀접한 관계를 갖고 있다. 겨울철 동아시아 날씨는 유라시아 대륙에서 정체되어 있는 시베리아 고기압의 변화에 따라 형성되며, 한파의 내습은 시베리아 고기압에서 분리되어 동진 혹은 남동진하는 이동성 고기압에 의해 형성된다.

폭설은 바다와 육지의 온도 차이가 클수록 많이 내린다. 또 호수와 인접한 지역에서는 마찰과 지형효과 등에 의해 많은 양을 쏟아붓는다. 폭설은 교통두절에 따른 생활 불편과 물류 비용 증가를 비롯해, 산업활동 전반에 미치는 피해가 크다. 사회적·경제적으로 많은 영향을 미친다.

한반도에서 발생하는 폭설은 지역적으로 편중되어 있으며 강원도 대관령을 중심으로 강릉과 속초 지역, 울릉도 지역, 서해안 지역 등 3개 권역으로 나눠져 있다.

이와 같이 3개 권역으로 구분할 수 있는 것은 각 권역별로 대설을 유발하는 배경이 다르기 때문이다.

3개의 권역 중에서 제1대설권으로 불리는 대관령을 중심으로 한 강릉과 속초 지역이 우리나라에서 대설이 가장 많이 오는 지역으로 분류되고 있다. 제1대설권인 영동지역은 남북으로 뻗어 있는 태백산맥의 지형적인 영향과 동해와 인접한 지역적인 영향으로 다른 지역보다 많은 강설량이 보인다.

강원도 등 대관령의 대설을 분석해 본 결과 속초 연안의 해수면 온도 차이가 영향이 가장 크며 풍속이 증가함에 따라 대관령 강설량이 증가했다. 특히 시베리아 고기압 아래에서 중규모의 기압골이 발생해 영동 지역의 대설에 영향을 미치고 있다.

강원도 권역을 제외한 서울·경기·충청 지역의 경우는 저기압 전면의 하층 대기 불안정으로 강설이 나타나고, 여기에 중국에서 발생한 저기압이 발달, 이동하는 과정에서 폭설 등이 나타났다.

이런 가운데 최근 내린 강원도 강릉을 포함한 한반도 폭설은 북극 지방의 찬 공기가 남하함에 따라 발생한 것으로 알려졌다.

실제로 북극 기온이 평년보다 약 10도 높은 상태가 지속되면서 북극의 찬 공기가 중위도까지 남하해 북미·유럽·동아시

아에 한파를 유발하고 폭설을 내리게 하고 있다. 이 같은 원인
으로 영국은 100년 만의 한파와 17년 만의 폭설이 찾아왔고,
미국 중서부와 중국 북부 지역에서는 폭설이 내린 바 있다.

지난 2009~2010년 겨울 유난히 눈과 비가 많이 내렸다. 기
상청은 그 원인이 열대 중태평양을 중심으로 고수온현상이 일
어나는 '엘니뇨 모도키'의 영향이라고 설명했다. 이는 동태평양
의 온도가 높아지는 통상적인 엘니뇨 현상에 지구온난화가 더
해져 발생한 신종 엘니뇨라는 발표가 속속 나오고 있다.

미국 조지아 공대 연구진은 「사이언스」지를 통해 '대서양 허
리케인의 수를 줄이는 전통적인 엘니뇨와는 달리 엘리뇨 모도
키는 대서양에 더 많은 허리케인을 일으킨다'는 연구를 발표했
다.

'같으면서도 다르다'는 뜻의 일본어에서 따온 '모도키'가 시
사하듯, 전통적인 개념의 엘니뇨는 태평양 적도대 동부의 해수
온도를 높이지만 엘니뇨 모도키는 영향력을 서쪽까지 넓혀 태
평양 중부까지 수온을 높이는 것으로 밝혀졌다. 연구진은 이처
럼 새로운 현상이 일어나는 원인은 분명치 않지만, 기후변동이
나 지구온난화에 대한 반응인 것 같다고 추측했다.

한반도의 기상이변

한파, 겨울철 폭설 등 한반도에서 일어나는 이상기후가 '엘
니뇨와 라니냐'의 영향 때문이라는 주장도 제기되고 있다.

2010년 1월 서울의 적설량은 관측 이후 가장 많은 25.8센

티미터가 기록됐다. 한편 4월에는 이상저온 현상으로 농작물의 피해가 속출했다. 여름에는 열대야로, 가을에는 폭우로 한반도는 2010년 내내 이상기후 현상에 시달려야만 했다. 이에 대한 원인으로 '엘니뇨'와 '라니냐' 두 가지가 언급된다.

특히 엘니뇨 모도키를 원인으로 지목하는 의견이 대두됐다. 엘니뇨는 보통 전체 지구 대기의 흐름에 영향을 미치거나, 남아메리카·페루 등지에 주로 영향을 주는 것으로 알려졌다. 하지만 엘니뇨 모도키는 우리나라에 강한 영향을 미친다. 한반도 바로 아래쪽인 필리핀 동부 해역에 강한 열대 고기압을 만들어 내기 때문이다.

위쪽의 찬 공기 덩어리와 아래쪽의 온난다습한 공기 덩어리 사이에 낀 한반도는 두 세력의 역학관계에 따라 겨울 날씨가 냉온탕을 오가고 전에 볼 수 없던 새로운 현상을 겪게 된다.

라니냐는 1970년대 이후 9~11번 정도 발생했는데 통계를 분석해 보면 그때마다 우리나라 여름철은 더운 편이었고, 9월에는 비가 많이 왔고 겨울은 강추위가 찾아왔다. 그런 점에서 2011년 한반도 기상은 전형적인 라니냐 영향이 두드러지는 편이라고 할 수 있다.

전문가들은 또 우리나라를 포함한 북반구 전역에 몰아친 한파의 원인으로 북극권 온난화도 지목했다. 극지연구소는 햇빛을 반사하는 북극해 얼음 면적이 크게 줄고, 검푸른 바다가 태양에너지를 흡수해 바닷물이 데워져 북극 온난화가 나타났다며 이로 인해 북극의 찬 공기가 남하해 유럽과 아시아 지역에 한파가 몰아칠 수 있다고 분석했다.

전문가들은 지구온난화가 계속되면서 한파는 더욱 잦아질 것으로 전망한다. 지구온난화가 지속돼 대기 온도가 올라가면 수증기가 많이 발생한다. 대기가 수증기를 많이 머금으면서 비나 눈도 많이 내리게 된다. 강우에 따른 수증기를 쉽게 받아들일 수 있는 해상과 달리 육상에서는 가뭄이 찾아오게 되고, 이것이 기온 변동폭을 높이는 원인이 된다.

해커들의 놀이터가 된 금융기관

2011년 4월 12일 농협의 전산장애로 전체 금융업무가 마비되는 초유의 사태가 발생했다. 오후 5시부터 시작된 농협전산망 다운 사태는 다음 날 오후 1시까지 20시간 가까이 이어졌다. 이로 인해 인터넷뱅킹·폰뱅킹 등 온라인 거래는 물론이고 자동화기기 및 전국 지점을 통한 입출금 및 송금 등 가장 기본적인 금융거래까지 전면 중단되는 금융대란이 일어났다.

이 사태로 농협은 큰 혼란에 빠졌으며 정상적인 거래를 못하게 된 고객들의 항의로 이어졌다. 농협은 긴급 복구반을 투입, 전산장애 발생 20시간 만인 낮 12시 35분부터 창구 입출금 등의 일부 거래를 재개했지만, 인터넷뱅킹·폰뱅킹·자동화기기 등의 거래는 오후 늦게까지 정상화되지 못했다.

이 사건은 결국 검찰의 조사로 이어졌다. 농협 전산망 마비 사태를 수사한 서울중앙지검 첨단범죄수사2부는 농협전산망 마비는, 해커가 다른 컴퓨터에 악성코드를 심어 '좀비 PC'로 만들고 전산망 마비 명령을 내렸기 때문이라고 발표했다. 좀비 PC란 해커가 사이버 공격 목적으로 웹사이트를 이용하거나 스팸메일로 악성코드를 심어 오염시킨 PC를 말한다.

문제는 이런 전산망 마비 사태가 비단 농협에 국한된 얘기가 아니라는 점이다. 2010년 12월 하나은행과 시티은행 전산장애 그리고 2011년 현대캐피탈 해킹 사태 등도 농협과 유사한 사례다. 현대캐피탈은 해커가 직원들에게 정보를 유출하지 않는 대가로 돈을 요구하는 이메일을 보냈으며, 전산시스템 해킹 사실 내용이 있어 경찰에 수사를 의뢰했다고 공식 발표를 하기도 했다.

기업재난 전문가들은, 고객정보 유출이 일단 한번 일어난 후에 발생할 수 있는 각종 기업재난 유형은 지금 이 시점에서 한마디로 단정 지어서 말할 수 없다고 설명한다. 대규모 정보유출 이후에 제2, 제3의 기업재난이 얼마든지 일어날 수도 있다는 얘기다.

소득불평등, 사회적 재난 확산 가능성

소득불평등으로 최근 미국 월가 반대 시위가 갈수록 커지고 있는 가운데 우리나라도 중산층이 무너지면서 양극화의 골이 깊어지고 있다.

통계청에 따르면 우리나라 2인 이상 도시가구 평균 소득은 외환위기 때인 1998년 98만 4,169원에서 지난해 189만 4,988원으로 92.5퍼센트 증가했다.

하지만 가장 소득이 낮은 하위 10퍼센트 계층의 평균 소득은 같은 기간 38만 2,662원에서 59만 9,981원으로 56.8퍼센트 늘어나는 데 그친 반면 소득 수준이 가장 높은 상위 10퍼센트 계층은 165만 8,007원에서 328만 9,915원으로 98.42퍼센트 증가했다. 소득불평등이 심화되고 있는 것이다.

소득분배의 불균형 수준을 보여 주는 지니계수도 점점 악화되고 있다. 1997년 0.264였던 지니계수는 2009년 0.320까지 올랐다가 2010년 0.315로 주춤했다. 지니계수는 0과 1 사이 숫자로 표현되는데 1에 가까울수록 불평등이 심하다는 뜻이다. 보통 0.4를 넘기면 불평등도가 매우 심각한 것으로 해석된다.

현대경제연구원은 우리나라의 경제고통지수는 평균 8.1퍼센트로 높은 편이라 말했다. 현대경제연구원의 연구위원은 대외적으로는 세계경제의 회복세가 미흡한 데 따른 고용불안과 국제 원자재 가격 상승에 의한 글로벌 인플레이션, 대내적으로는 농산물 가격 급등 때문에 경제고통지수가 높아졌다고 설명하고 자칫 잘못하면 대규모 시위 등 사회적 재난으로 번질 가능성이 있다고 경고했다.

구제역

2010년 11월 29일 경북 안동에서 3차 구제역이 발생했다. 2010년 들어서만 세 번째 구제역이다. 2000년과 2002년 한 차례씩 겪은 뒤 8년 만에 발생한 구제역인데, 매우 혹독히 겪은 것이다.

경북 안동에서 시작된 구제역은 전국으로 퍼지면서 피해가 역대 최대 규모에 달했다. 구제역은 2002년 경기(안성·용인·평택)와 충북(진천)에서 발생했을 때 우제류(소·돼지 등 발굽이 2개로 갈라진 가축) 16만 155두가 살처분됐다. 당시 보상비용은 1,434억 원에 달했다. 하지만 2010년 안동발 구제역으로 경북과 경기에 전체 축산업자의 20퍼센트에 해당하는 업자들이 가축을 잃었다. 보상액은 산정하기도 어려운 피해였다.

이같이 구제역 확산의 원인은 이동이 쉬운 바이러스 때문이다. 중국이나 대만·베트남 등 우리나라 인근 국가들은 구제역 발생이 잦은데 축산 농장주가 이들 나라 농장에 갔다가 바이러스를 묻혀 오는 사례가 가장 흔하다. 때문에 구제역은 전 세계적으로 크게 늘었다. 구제역 청정 지대였던 일본 미야자키현에서도 구제역이 발생해 288만 두가 살처분됐다.

국제수역사무국(OIE)에 따르면 구제역 발생은 2005년 74건(9개국)에 그쳤지만 2009년 138건(17개국), 2010년 426건(39개국)으로 늘어났다. 국제 교류와 물류 이동이 늘면서 구제역 바이러스가 전 세계로 확산될 여지가 많아졌다.

영국도 구제역으로 큰 홍역을 치렀다. 2001년 2월 발생한 구제역으로 600만 마리가 넘는 소와 돼지가 매몰됐다. 피해액만 5조 400억 원에 달했다. 당시 아프리카 등에서 밀수입된 사료와 잔반을 먹인 소에서 구제역이 나타난 뒤 7개월 동안 영국 전역을 강타했다. 그러나 영국은 구제역 청정국 지위를 유지하기 위해 백신을 사용하지 않았고 가축 600만 두를 희생하는 결단 속에서 이듬해 구제역 청정국 지위를 회복했다.

대만도 지난 1997년 3월부터 그해 말까지 발생한 구제역으로 돼지 385만 두를 살처분했다. 당시 대만이 키우던 돼지 중 절반가량이 사라졌는데 손실액만 2조 4천억 원에 달했다.

조류독감

구제역과 함께 전국을 강타한 조류독감도 농민들의 시름을 한층 깊게 만들고 있다. 2010년 12월 7일 호남 지역에서 조류인플루엔자(AI)가 발생하면서 방역당국에 초비상이 걸렸다. 특히 겨울철 철새들의 본격 이동시기를 맞아 최근 일본에서 발생한 조류인플루엔자 확산이 우리나라까지 사정거리 안에 들어와 있는 상태라 더 안전하지가 않았다.

주로 철새를 통해 전파되는 것으로 알려진 조류인플루엔자는 철새들이 한국으로 넘어와 농가에서 기르는 가금류에 전파시켜, 국내 가금업에 심각한 타격을 준다. 계절적 요인을 무시하고 확산되고 있는 구제역과는 달리, 조류인플루엔자는 12월에서 2월까지 요주의 기간을 넘기는 것이 중요하다.

저출산 고령화, 심각에서 위기로

우리나라는 급격한 출산율 하락과 고령화를 겪고 있다. 1980년대 초반에는 합계출산율이 2명을 상회했으나 이후 지속적으로 하락, 2009년에는 1.15명으로 세계 최저 수준이다.

이로 인해 고령인구 비율도 11퍼센트에 달하고 있다.

통계청에 따르면 2017년부터 생산인구가 감소하기 시작해, 2019년부터는 총인구가 감소할 전망이어서 인구구성의 변화가 더 가시화될 것으로 보인다. 이로 인해 잠재성장률 하락, 이에 따른 국가부채 부담 문제 등 재정건전화는 크게 나빠질 것으로 예상된다.

이 같은 상황이 발생하자 기획재정부도 고령화를 고려하여 향후 50년 동안의 장기재정전망을 통해 재정운용을 하겠다고 발표했다. 재정지출의 평균 증가율을 과거평균 8퍼센트보다 낮은 4퍼센트대로 유지하여 2014년까지 GDP대비 30퍼센트 초반의 국가부채 비율을 관리하겠다는 것을 주요 내용으로 하고 있다.

하지만 재정준칙의 강화는 근본대책이 될 수는 없다는 지적이 나오고 있다. 인구구성의 변화에 대한 근본적인 대책은 출산율 하락을 반전시키는 것이 되어야 하기 때문이다. 저출산 대책 예산은 그동안 평균 29.5퍼센트 증가해 다른 재정지출에 비해 상대적으로 빠르게 늘어 왔다.

LG경제연구원 강중구 책임연구원은 고용불안 관행, 사회제도, 가치관의 변화 등 여러 가지 원인이 출산율 하락에 영향을 미친다며 경제학적으로 소득 향상에 따라 출산율이 하락할 개연성도 있다고 지적했다.

또 소득이 높아질수록 출산 및 육아에 따른 기회비용이 증가하기도 한다고 강조했다. 즉 출산을 위해 부모 중 한쪽이 소득을 포기해야 되는데 이 비용이 커지기 때문에 출산율이 하락하고 있으며 산업화·도시화에 따른 출산과 양육 비용의 증가 역시 출산율 하락의 원인이 된다고 말했다.

저출산 추세가 지속된다면 생산가능 인구 감소에 따라 잠재성장률이 하락하고, 부양인구의 증가로 인하여 미래의 재정 부담이 증가한다. 만약 통계청 추계대로 출산율이 크게 반등하지 못할 경우 우리나라의 총인구는 2019년부터 감소하게 된다.

다른 정책들과 달리 저출산 대책은 단기적으로 성과가 나타나지 않을 수 있다. 단순히 경제적인 요인뿐 아니라 사회적인 인식이 변해야 하기 때문이다.

일본은 저출산 대책 실패로 고령화가 가속되었으며, 이것이 다시 저출산 대책을 더욱 어렵게 만드는 악순환에 빠져 있다. 이를 타산지석 삼아 출산을 늘리기 위해 획기적인 대책을 세우고, 관련 예산을 늘리는 등 지출의 증가를 해야 한다.

또한 사회인식 변화를 유도해 일본처럼 시기를 놓쳐 고령화에 따른 재정부담의 확대로 이어지지 않도록 미리 대비를 해야 한다.

한반도 외부 재난에 대한 대책

대지진, 쓰나미, 방사능

2011년 5월 30일 일본 남부에서 호우를 동반한 강력한 태풍이 북상하면서 후쿠시마 제1원자력발전소에 비상이 걸렸다.

5월 29일 강력한 제2호 태풍 송다(Songda)가 오전 일본 남부의 규슈 지역에 상륙한 뒤 북상하면서 30일에 걸쳐 많은 비가 내렸기 때문이다.

이날부터 강우량은 규슈 남부 180밀리미터, 주고쿠 등 중남부 200~250밀리미터, 본토 북부 100밀리미터, 동일본대지진 피해지인 도호쿠 80밀리미터 등으로 기록됐다. 대지진과 쓰나미 피해 지역인 도호쿠에 내린 많은 비는 후쿠시마 제1원자력발전소를 비상체제에 들어가게 만들었다.

후쿠시마 제1원자력발전소는 각종 장비가 침수되지 않도록 높은 곳으로 옮기는 한편, 창고 등 각 건물 입구에 흙을 쌓아 침수에 대비했다.

또한 각종 기자재가 태풍에 날아가지 않도록 하기 위한 조치도 강화했다. 하지만 후쿠시마 제1원전의 원자로 1~4호기는 사고 당시 수소 폭발 등으로 지붕이 날아가거나 벽이 무너진 상태여서 비와 바람에 노출된 것이 문제였다. 이는 빗물에 쓸린 방사성 물질이 대량으로 바다에 흘러들 가능성이 있으며 원전 곳곳에 방사성 물질 오염의 수가 증가할 것으로 예상되기 때문이다.

이같이 예상치 못한 폭우, 태풍 등 기상재해가 발생할 경우, 엄청난 고농도 오염수가 태평양으로 흘러드는 최악의 시나리오가 발생할 수 있다.

방사성 세슘이 바다에 흘러들어 퍼지는 경로를 시뮬레이션한 결과 5년 후엔 북미, 10년 후 아시아 동부, 30년 뒤에는 태평양 전역으로 확산되는 것으로 나타났다.

특히 태풍철 일본 원전에서 유출된 방사능은 국내에 유입될 가능성이 높다. 이는 일본에서 태풍 발생 이후 해수로 흘러들어가는 오염물질이 고스란히 국내 바다로 올 수 있다는 개연성 때문이다.

어떤 교수는 해수유동이론에 근거해 볼 때, 태평양 저위도에서 태풍이 발생해 일본 쪽으로 북상하면 혼슈 남해연안을 따라 규슈 서쪽을 거쳐 대한해협을 통과하는 흐름이 발생할 수 있다고 강조했다.

또 한반도는 태평양에서 동쪽으로 흐르는 구로시오 해류를 통해 방사능 오염물질이 확산될 경우 동해 오징어는 물론, 이동성 회유 어족인 동중국해 전갱이·고등어 등에도 영향을 미치고, 이것들이 우리 식탁에 오를 수 있다.

방사능은 국경이 없다

후쿠시마 원전 사태가 몰고 올 파장을 지금 시점에서 정확히 예측하기란 매우 어렵다.

1986년 체르노빌에서도 원전사고의 당사국인 우크라이나는 물론 이웃 나라들에 큰 피해를 줬다. 당시 우크라이나 체르노빌에서는 오염이 가장 심한 '붉은 숲' 지역의 경우 평균 방사능 농도는 10마이크로 시버트로 평균치의 100배를 넘고 있는데, 붉게 변해 버린 소나무와 말라비틀어진 가지들이 폐허로 변한 도시를 상징하고 있다.

국제사회는 원전사고 당사국인 우크라이나에 상당한 지원을 하고 있지만, 이웃 벨라루스는 정작 우크라이나보다 체르노빌 방사능의 타격이 더 컸음에도 그 사실조차 제대로 알려져 있지 않을 정도로 방사능 피해로 지금까지 고통받고 있다.

아직도 벨라루스는 전 국토의 23퍼센트가 세슘137에 오염돼 있다. 고멜 등 오염 지역의 어린이 4만여 명은 매년 한 달 동안 전문치료센터에 입원해 검사를 받고 있다. 고멜의 오염 지역은 대부분 출입이 금지돼 있고 그나마 오염이 덜 심한 곳에는 갈 곳 없는 노인들만이 살고 있다.

이들을 돌보는 의료기관들은 세슘에 오염된 흙을 모두 파내고 새로운 흙으로 교체하는 등 안간힘을 쓰고 있지만 이곳에선 환자들을 전문적으로 돌볼 수 없어 대부분 수도 민스크로 보내고 있는 실정이다.

오스트리아도 피해 당사자 중 하나다. 오스트리아는 우크라이나 남서쪽에 위치, 당시에는 체르노빌 사고 당시 바람의 영향으로 피해가 없을 것이라 예상했다. 그러나 당초 예상과 달리, 바람의 방향이 남서쪽으로 바뀌어 서유럽 국가 중에서 가장 큰 피해를 입었다.

오스트리아는 사태 파악 이후 신속하게 관련 정보를 공개하고 어린이들의 모래나 흙놀이는 물론 채소나 과일 섭취도 제한하도록 권고했으며, 원전사고 이후의 건초는 젖소가 먹지 못하도록 하는 등 까다롭게 야외활동과 식품 섭취를 제한해 방사능 낙진의 피해를 최소화했다.

체르노빌 사고 이후 정기적으로 보고서를 내고 있는 유엔 방사능 과학위원회(UNSCEAR)는 원전사고 이후 어린이 갑상선 암 환자가 최대 100배 이상 증가했다고 보고하기도 했다.

이같이 이번 일본의 원전폭발은 일본정부에서도 안전성을 장담할 수 없고 국제원자력기구(IAEA)에서도 방사능 물질 유출 여부와 그 농도에 대해 호언장담할 수가 없는 상황이다.

황사가 한반도를 숨막히게 한다

황사는 봄철에 중국이나 몽골의 사막에 있는 모래와 먼지가 편서풍을 타고 멀리 날아가는 현상을 말하며 우리나라의 경우 봄철에 황사의 피해를 가장 많이 받는 나라중 하나다. 과도한 가축의 방목에 따른 목초지 감소와 지구온난화는 황사가 발생하는 데 큰 영향을 주고 있다. 봄철 불청객인 황사는 중국 및 몽골 등 황사 발원지의 사막화가 심해지면서 황사의 위력이 점점 강해질 것으로 예상된다. 사막화는 시간이 갈수록 점점 더 넓어지고 있는 반면 숲은 줄어들고 있다.

지난 2005년 중국 국가임업국은 중국의 사막화 면적은 2004년 기준 263만 6,200제곱킬로미터로 전체 국토면적의 27.46퍼센트, 토양의 모래화 지역은 173만 9,700킬로미터로 전체 면적의 18.12퍼센트를 점유하고 있다고 말했다.

지난 20~30년간 중국 북동부 반건조, 아습윤 지역의 농업과 목축 교차지대에서 토양 사막화가 가장 심각하게 진행됐다. 특히 내몽고 중부 및 동부 지역, 화북 지역, 요령성과 길림성 서부 지역은 기후온난화 등 환경요인과 과도한 토지 이용 등 인위적인 원인으로 토양 모래화가 진행됐다. 최근 들어 우리나라에 주요하게 영향을 끼치는 황사의 발생 지역은 바로 내몽골 지역이다.

타클라마칸 같은 전통적인 사막 지역은 거리도 멀고 모래알갱이가 굵어 우리나라에 직접적인 영향을 별로 끼치지 않지만 최근 사막화된 지역은 흙먼지의 입자가 작아 편서풍을 타고 봄철이면 우리를 괴롭히고 있다.

황사는 여러 가지 질환을 일으키거나 기존 질환을 악화시킬 소지가 다분하다. 대표적으로 호흡기 질환과 안질환, 피부질환 등을 꼽을 수 있다. 그중에서도 면역성이 약하고 활동성이 강한 어린이들이나 평소 알레르기 질환 또는 호흡기 질환을 앓고 있는 사람들에게는 달갑지 않은 선물이다. 때문에 지리적으로 중국·몽골사막 등지에서 불어오는 먼지바람을 막을 수 없다면 적절히 대처해 나가는 지혜가 필요한 시점이다.

심각한 황사의 피해

서울시의 경우 지난 1980년대에는 황사발생일이 3.9일에서 1990년대에는 7.7일, 2000년 이후에는 12.8일로 증가했다.

황사로 인한 피해는 폐호흡기 환자와 조기 사망자가 늘어나고 항공·운수·정밀산업 같은 산업이 손실을 입는다. 황사가 한번 발생할 때 동아시아 상공에 떠도는 미세먼지의 규모는 약 100만 톤에 이른다.

삼성경제연구소는, 한반도에 쌓이는 먼지를 15톤짜리 덤프 트럭 4~5천 대 분량인 4만 6천~8만 6천 톤에 달하는 것으로 추정하는데, 2002년 황사의 경우 피해액은 연간 5조 5천억 원에 달했으며 국민 1인당 11만 7천 원씩의 피해를 입었다고 발표했다.

한국환경정책평가연구원은 지난 2005년 황사로 인해 한국에서는 한 해 최대 181만 7천여 명이 병원치료를 받고 165명이 사망한다며 유·무형의 피해를 화폐 단위로 환산할 경우 한 해 최대 7조 3천억여 원에 이른다고 밝혔다.

또 전국에서 천 명을 대상으로 2000~2004년 황사 피해 경험 유형을 설문조사한 결과 35.4퍼센트가 연평균 2차례 꼴로 황사로 인한 질환을 앓은 적이 있는 것으로 조사됐다. 최근의 황사에는 규소·철·알루미늄·납·카드뮴 성분이 들어 있어 대기 중 중금속 농도를 높이는 것으로 알려져 있다.

황사 현상이 나타나면 먼지의 양이 급격히 늘어나고 코와 입으로 먼지를 마시게 되는 탓에 감기, 기관지염 같은 호흡기 질환, 눈병, 콧병에 걸리기 쉽다.

정세국 인천지속가능경제연구소장은 「황사 피해의 경제적 가치 추정」이라는 제목의 논문에서 현재 태풍, 홍수 등은 특별재난관리 항목으로 지정해 놓고 많은 예산 지원으로 대책이나 피해보상을 하고 있지만, 황사는 연간 6천억 원에 달하는 물적 피해가 발생함에도 턱없이 적은 예산을 투입하고 있다고 지적했다.

또 황사 피해의 특이성을 적극 고려, 국제관계에 있어 사막화 방지를 위한 보다 적극적인 노력 등이 반드시 필요하다고 주장했다.

식량위기와 에너지위기

국제 곡물가격 급등으로 우리나라의 '식량 안보'에 빨간불이 켜졌다. 대다수 곡물의 자급률이 낮은 만큼 곡물가격 급등의 충격은 그대로 국내 시장에 전달될 수밖에 없다.

2010년 국제 곡물시장은 오름세를 유지했다. 중국과 인도 등 신흥국의 식생활이 서구화되면서 육류 소비가 늘어나고 가축 사료가격이 상승세를 탄 것이다. 밀과 콩 등 주요 곡물가격은 식량대란이 벌어졌던 2008년 수준까지 치솟으며 세계 식량위기에 대한 우려가 커지고 있다.

2011년 「월스트리트 저널」은 유엔식량농업기구(FAO)와 국제통화기금 등이 식량가격 급등을 거듭 경고하고 있으며 설상가상으로 과거 주요 쌀 수출국이었던 미얀마가 국제 식품가격 상승을 우려해 쌀 수출 금지에 나섰다고 전했다.

식량농업기구도 지난 2월의 '식품가격지수(FPI)'가 또다시 사상 최고치를 경신했다고 발표했다. 지난 2월의 명목 및 실질 식품가격지수는 236포인트로, 1990년 관측 이래 최고치를 기록했던 1월의 231포인트보다 2.2퍼센트 상승했다.

「월스트리트 저널」은 한 무역업자의 말을 빌려 2011년 11월 미얀마 내 쌀가격이 15퍼센트가량 상승하자 쌀 수출을 금지한 것이라면서 지난 3주간 디젤가격이 40퍼센트 이상 오르는 등 원유가격의 상승이 운임 비용을 올려 곡물가격 상승을 가져왔다고 전했다.

이 매체는 식품 수출 금지로 자국의 식품가격을 안정화시킬 순 있지만 다른 물건값에 영향을 미쳐 다른 부문에서 인플레가 발생할 우려가 있다는 경제 전문가들의 경고를 전했다.

한국농촌경제연구원은 보고서에서 최근의 국제 곡물가격 상승은 생산 감소, 수요 증가, 곡물 선물 투기 증가에서 기인한 것으로 보고 있으며 세계 곡물 생산량은 전 세계적인 이상기후로 크게 하락한 것으로 예상된다고 밝혔다.

연구원은 2010년 하반기 국제 곡물가격을 적용하면, 2011년 상반기 국내 물가 상승은 불가피할 것으로 나타나고 있으며 2011년 상반기 배합사료는 2010년 6월 시세보다 11.5퍼센트, 제분 부문은 31.3퍼센트, 유지 및 식용유는 6.6퍼센트, 제당 부문은 30퍼센트의 물가 상승요인이 있는 것으로 나타났다고 말했다.

2011년 유엔 식량농업기구는 가뭄·호우·혹한·혹서가 미국(옥수수·밀), 호주(밀·사탕수수), 아르헨티나(콩), 브라질(콩·옥수수) 등 세계 주요 곡창 지역을 휩쓸어 곡물가격을 밀어 올리고 있다고 지적했다.

국제 곡물가격 상승은 고스란히 국내 물가에 반영된다. 쌀만을 자급할 뿐 나머지 주요 곡물인 콩(자급률 8.7퍼센트)·옥수수(0.8퍼센트)·밀(0.8퍼센트: 이상 2010년 정부 추정치)은 거의 수입에 의존하고 있기 때문이다.

우리나라 곡물 자급률은 2010년 추정치로 26.7퍼센트다. 낮은 자급률은 치명적 약점이 될 수 있다. 식량 수출국들이 자국의 식량사정에 따라 수출금지 조치를 할 수 있기 때문이다. 최근 러시아·아르헨티나·우크라이나 등이 수출을 제한하고 있는데, 이런 현상이 심화되면 곡물 확보가 어려워지고 자칫 엄청난 사회불안을 야기할 수 있다.

한석호 농촌경제연구원 부연구위원은 우리나라는 경지면적이 협소해 국내 곡물생산을 자급 수준까지 확대하는 것은 불가능하다며 가격 상승에 한발 앞서 대응할 수 있도록 국제 곡물가격 관측 시스템을 개발하는 것이 시급하다고 말했다.

신종플루, 진화하는 전염병 대재앙의 서막

2011년 봄 유럽발 '슈퍼박테리아'가 유럽 전역을 공포에 떨게 하면서 국내에서도 그 대책을 강구해야 한다는 목소리가 커지고 있다.

질병관리본부는 2011년 6월 25일부터 6월 30일까지 중국 장사·장각 지역을 여행한 우리 국민 여행객 45명 중 1명에게서 장출혈성대장균이 검출됐다고 말했다. 이에 따라 중국이 장출혈성대장균감염증 오염 지역으로 지정됐다. 질병관리본부 관계자는 제1군 감염병에 해당하는 장출혈성대장균감염증에 걸리지 않도록 예방 및 관리에 철저를 기해야 한다며 음식은 충분히 익혀 먹는 것이 좋으며 손 씻기 등 개인위생을 철저히 해야 한다고 말했다.

2010년 겨울 질병관리본부는 수도권의 한 대형병원이 의뢰한 의심검체 2건을 검사한 결과 2건 모두에서 NDM-1 유전자를 지닌 카바페넴 내성 장내세균(CRE)이 확인됐다고 밝혔다.

다제내성균은 슈퍼박테리아라고 불리며 주로 음식·신체 접촉·병원 등을 통해 전염됐다. 이는 남아시아에서 처음 검출된 후 일본·홍콩 등 10여 개국에서 발견됐으며 항생제를 복용하거나 인공호흡기를 사용하는 중환자들에게 쉽게 침투하는 것으로 알려져 있다.

이같이 '전염병은 진화'한다. 게다가 질병의 형태도 비정형화·복합화 등 점점 복잡 다양하게 변해 가는 추세다. 전문가들은 병원체를 전달하는 매개 통로가 점점 다양해지고 지역·국가 간 교류가 활발해짐에 따라 바이러스의 전파 속도가 빨라지고 바이러스끼리의 조합으로 파생되는 변형 바이러스 종류도 급속히 늘어나고 있는 추세라고 말한다.

특히 현대의 전염병은 '인수공통전염병'인 경우가 대부분(80퍼센트)이어서 동물과의 접촉을 완전히 차단하지 않는 한 감염을 막을 방법이 없다.

인수공통전염병이란 대개 동물로부터 인간에게 감염되는 질환을 뜻한다. 신종플루도 동물에 의해서 인간에 전염이 된 것이다. 전문가들은 이미 지구촌 곳곳에서 발견되는 타미플루 내성 바이러스나 다수의 사망자를 낸 우크라이나 변종플루 같은 사태가 국내에서 재현되지 않을 것이란 보장은 어디에도 없다고 경계한다.

바이러스+바이러스=변종 플루

예방 목적으로 먹은 치료제도 심각한 재앙을 부른다. 신종 플루 치료제인 타미플루를 감염증상이 없는데도 예방목적으로 복용했을 경우 바이러스 내성에 의한 변이가 생길 수 있다고 경고했다.

이미 미국 노스캐롤라이나 주에서 10대 소녀 두 명이 신종 플루 예방목적으로 타미플루를 복용해 사람 간에 전파되는 내성 바이러스에 감염된 사례가 보고됐다.

미 질병통제예방센터에 따르면 문제의 타미플루 내성 사례는 지난 7월 노스캐롤라이나 주 서부에 위치한 한 캠프에서 같은 방을 사용한 두 명의 10대 소녀에게서 나타났으며, 이들은 신종 플루가 돌연변이를 일으켜 타미플루가 효과를 보지 못했다.

이 바이러스는 '1223V'로 기존에는 발견되지 않던 종이다. 노스캐롤라이나 주 보건부의 잭 무어 박사는 내성이 생긴 바이러스가 한 사람으로부터 다른 사람에게 전염됐을 가능성이 있다고 분석했다. 박사는 두 사람 간 전염으로 확인될 경우 향후 변종플루가 급속 확산될 것임을 예고하는 심각한 신호탄이 될 수 있다고 밝혔다.

이와 함께 동유럽의 우크라이나에서 신종플루보다 더 치명적이면서 확산 속도가 빠른 변종이 발생했다는 외신보도가 나왔다. 영국의 「데일리 익스프레스」는 이 변종플루가 3가지 종류의 인플루엔자 바이러스가 합쳐진 것으로 폐렴을 일으켜 감염자를 수일 내로 사망케 한다고 전했다.

이 신문은 이 변종플루로 우크라이나에서 189명(2010년 11월 17일 기준)의 사망자가 발생했으며, 감염자 수는 무려 100만 명 이상이나 되며 사망자 숫자도 빠르게 늘 것으로 전망된다고 말했다. 우크라이나정부는 변종플루로 사망자가 속출하자 빅토르 유센코 대통령이 직접 TV에 출연해 국민들에게 변종플루의 위험성을 경고하고 국제사회에 긴급구호를 요청했다.

이같이 국내 전문가들이 가장 우려하는 것은 새로운 변종 바이러스의 탄생이다. 신종플루에 걸린 사람이 조류독감에도 함께 걸리는 경우 신종플루와 조류독감의 바이러스가 결합해 유전자 재조합이 발생하고, 이로 인해 변종 바이러스가 출현할 가능성이 크기 때문이다.

혜성충돌, 파국으로 치닫는 인류 대재난

인류의 사회·경제적 활동무대가 우주로 확대되고 있는 우주개발시대를 맞이하면서 우주환경의 갑작스러운 변화로 인한 피해를 최소화할 수 있도록 대비 체계를 구축해 놓아야 한다.

특히 혜성이나 소행성 충돌 등의 우주재난은 발생 가능성이 희박하지만 만일 발생할 경우 인류에 치명적 위협으로 다가올 수 있는 심각한 사안이다.

2011년 7월 8일 지구가 2012년 가상 행성 니비루(Nibiru)와 충돌한다는 멸망설이 인터넷을 중심으로 퍼졌다.

심지어 각국의 연구기관과 정부들이 이 사실을 의도적으로 은폐하고 있다는 음모론까지 등장하자 미국항공우주국(NASA) 소속 과학자가 직접 나서 '니비루 충돌설'의 허무맹랑함을 지적하고 나섰다.

유튜브에는 'NASA가 은폐하는 진실'이라는 영상 수십 건이 올라와 네티즌들을 놀라게 했다. 200만이 넘는 폭발적인 조회 수를 기록한 이 영상에는 태양계 10번째 행성 니비루가 2012년 말 지구로 돌진, 대재앙을 불러와 인류를 멸망하게 할 것이라는 설명과 사진 등이 담겼다. 음모론자들은 영상에서 니비루가 태초에 인간을 창조한 엘로힘이 사는 행성이라고 주장하기도 했다. 이에 대해 NASA 에임스 연구소의 데이비드 모리슨 박사는 과학적 근거가 없는 주장이라고 잘라 말했다.

니비루는 약 6천 년 전 수메르인이 태양계에 존재한다고 주장한 가상 행성으로, 1995년 외계인과 접촉했다고 주장하는 낸시 리더가 2003년 5월 지구와 충돌할 것이라고 예견하면서 큰 주목을 받았다. 결과적으로 이 예견은 거짓으로 드러났지만 추종자들은 니비루 충돌 시기를 2012년으로 다시 꼽으면서 논란은 이어지고 있다.

러시아의 한 매체에서도 2036년에 지구가 멸망한다는 보도를 내놓아 눈길을 끌기도 했다. 러시아의 우주 관련 사이트 스페이스닷컴(Space.com)은 인터넷판을 통해 2036년 4월 13일 소행성이 지구와 충돌할 가능성을 제기했다. 특히 매체에서 주목한 소행성은 아포피스(Apophis)로 미국의 과학자가 2004년

최초로 발견했다.

이 행성은 지름 390미터에 무게가 4,500만 톤에 달하기 때문에 충돌할 경우 히로시마 원자폭탄의 10만 배에 달하는 폭발력으로 지각 변동, 대기오염, 지구온도 변화 등이 일어날 것으로 추정된다. 반면 러시아의 또 다른 언론매체들은 아포피스가 2029년 4월 13일 지구에 매우 근접할 것이며, 2036년 같은 날에는 지구의 중력구멍(중력장의 영향으로 소행성의 경로를 바꿔 지구로 끌어당길 수 있는 우주공간)에 근접해 충돌할 가능성이 높을 것이라고 설명했다.

이렇게 지구의 종말을 역설하거나 부르짖거나 주장하는 내용들은 심심치 않게 우리 주변을 맴돌고 있다.

6,500만 년 전 백악기에서 신생대 제3기로 넘어가는 시기 소행설의 충돌로 이 당시 생물 중 과 15퍼센트, 속 50퍼센트가 멸종했다는 추측도 나오고 있다. 실제로 소행성이 충돌했던 흔적으로 보이는 거대한 분화구가 중앙아메리카 유카탄 반도에서 발견되기도 했다. 지름 180킬로미터의 거대한 칙술룹 분화구다.

소행성 충돌이 격렬한 화산활동으로 이어지면서 대멸종의 재앙을 불러왔다고 주장하는 사람도 있다. 화산활동이 대재앙으로 이어지는 논리는 익히 알려진 바와 같다. 소행성 충돌과 대규모 화산활동이 일어나면 화산재를 비롯해서, 충돌로 인해 생긴 먼지·파편이 하늘을 가리고, 태양빛을 차단해 식물들과 동물들은 멸종을 한다는 얘기다.

혜성이나 소행성의 존재는 언제나 지구 생존과 뗄 수 없는 존재다. 만약 소행성이 지구로 향해 돌진한다면 아마 속수무책으로 인류의 재앙을 받아들여야 할지도 모른다. 지구가 태어난 지 46억년 동안 무수한 혜성과 소행성이 지구에 충돌했으며 그 여파로 동·식물 등이 멸종하거나 자취를 감추는 일이 빈번했다.

지구는 소행성들의 충돌과 합체를 통해 성장했으며, 지금까지 170개가 넘는 충돌 흔적이 남아 있다. 하지만 집채만 한 바위가 매년 1~5개꼴로 지구 상층대기에서 폭발하고 있다는 사실을 아는 사람은 많지 않다.

그렇다면 지름 10킬로미터급 천체가 지구를 강타할 경우, 어떤 일이 일어날까? 이 같은 '실제상황'이 벌어질 경우, 충돌 피해는 즉시 지구 전체로 확산되며, 대부분의 생물이 멸종위기에 처하는 것은 물론, 문명 자체가 파국을 맞게 된다.

미 로스 알라모스 국립연구소의 시뮬레이션 결과, 지름 6킬로미터급 천체가 태평양 한복판에 낙하할 경우, 순간적으로 260킬로미터급 '크레이터'가 형성되며, 중심파고 430미터인 해일이 아음속으로 전파되어 높이 40미터인 '물의 장벽'이 도쿄 시내를 집어삼킨다. 낙하지점이 태평양일 경우 북미와 남미 서부 해안·동남아시아·일본·호주 등이 위험에 처하며, 북해 또는 대서양일 경우 유럽 서부 해안이 초토화된다.

우주가 인류와 가까워진 만큼, 우주환경 변화에 대한 체계적이고 구체적인 대비가 필요하다.

태양의 흑점 폭발, 국가기반시설의 대재난

오는 2013년 태양의 흑점활동이 극대기에 달하면서 대규모 통신재난이 우려되고 있다. 이에 따라 전력회사들은 예상치 못한 단전에 대비할 필요가 있으며, 단파통신이나 일부 위성의 활동에 악영향을 미치는 등 전파대란이 발생할 수 있다는 경고도 나오고 있다.

2011년 3월 11일 방송통신위원회 전파연구소(소장 임차식)는 태양 흑점폭발(흑점번호 1166)로 인한 전파통신 두절 상태 경보 3단계(주의상황, X1.2등급)를 발령했다. 이 발령은 흑점이 폭발함에 따라 위성통신, 단파통신 등의 운용에 지장이 예상되어 각별한 주의가 요망된다는 내용이다. 방송통신위원회 전파연구소는 이번 폭발이 지구 방송통신 등에 미칠 영향이 상당히 클 것으로 예상돼 수일간 지속적인 감시가 필요하다고 말했다.

방통위는 흑점번호 1164, 1166, 1169의 활발한 활동으로 3월 7일부터 10일까지 M등급의 흑점폭발이 주기적으로 8회 발생하여 태양으로 방출된 강력한 에너지 물질이 지구에 도달함에 따라 11일까지 지구자기 폭풍도 함께 동반할 수 있어 지상에서 운용 중인 방송통신 시스템 이외에도 전력 및 전자기기 운용에 각별한 주의를 당부했다. 이 발령은 2006년 이후 처음이다. 이같이 태양 흑점폭발로 인해 지구가 흑점 영향권에 들어오면 지구에 복합적인 영향을 준다.

당시 방통위는 태양폭발로 인공위성의 전자장비와 태양 전지판 등에 영향을 미치게 되어 위성의 수명 및 궤도 등에 영향을 주어, 위성의 신호감소 및 잡음 증가가 우려된다며 위성운용 등 관련기관과 업체의 대비를 지시했다.

특히, 전리층으로 유입된 고에너지 입자들은 전리층의 높이를 변화시키거나 이온화를 증가시킴에 따라 단파(HF) 통신이 두절될 수 있으며, 지속적으로 수분 내지 수십 분까지 두절되는 현상과 잡음 증가가 자주 발생할 것이라고 경고했다. 또 유선 및 이동통신 등 다른 대체 통신 수단을 마련하도록 방송통신위원회는 권고했다.

흑점폭발은 전파통신망을 두절시킬 정도로 위력이 대단하다. 따라서 관련 단체들도 흑점폭발에 대한 대비책을 세워야 한다.

2011년 4월 '우주환경특별세미나'에서는 흑점폭발로 인한 사태와 해결방안을 제시하는 자리를 마련했다. 이 세미나에서 박영득 한국천문연구원 책임연구원은 지자기유도현상에 따라 급격한 전압 교란 현상이 생길 수도 있으니 전력회사들은 예상치 못한 단전에 대비할 필요가 있다고 말했다.

또 흑점폭발(플레어) 등 태양 활동이 2013년께 극대기에 달하면서 전파대란이 발생할 수 있다며 과거 사례로 비춰 볼 때 단파통신이나 일부 위성의 활동에 악영향을 미칠 수 있다고 지적했다. 태양 흑점활동에 따른 전리층 교란에 대해 우려도 표명했다.

그런데 흑점이 폭발하면 왜 방송과 통신이 두절될까? 폭탄이 터지면 굉음과 함께 먼지가 나듯 태양 흑점도 폭발하면 소리와 입자가 발생한다.

폭탄의 굉음이 태양X선이고 먼지에 해당하는 것이 고에너지 입자인데 둘 다 지구의 통신에 각각 영향을 미친다. 지구까지 도달하는 데 8분가량 걸리는 태양X선은 지상에서 발사한 전파를 흡수·반사해 무선통신에 중요한 역할을 하는 지구 전리층에 변화를 줘 단파통신을 교란시킨다. 2011년 2월 15일 흑점 폭발 직후 국내 AM방송 및 군 통신이 일시 중단된 것은 바로 이 태양X선의 영향 때문이다.

또 하나의 문제는 우주에서 열심히 날아오고 있을 태양 먼지, 고에너지 입자다. 지구에 도달하는 데 길게는 3일 걸리는 이 입자는 하늘에 떠 있는 인공위성과 지상의 통신장비 모두에 영향을 미칠 수 있다.

특히 인공위성의 경우 지구를 둘러싼 '자기권'의 보호를 받으며 궤도를 도는데, 고에너지 입자가 풍선을 누르듯 자기권을 지구 방향으로 누르면 위성이 자기권 밖으로 팅겨 나올 수 있다. 이렇게 되면 위성은 '우주 미아'가 되거나 고에너지 입자의 영향을 받아 고장이 발생할 수 있다.

또 이 입자는 지상의 통신장비 및 전기기기의 작동을 방해할 수도 있다. 전파연구소 관계자는 이 입자가 지상까지 도달하면 입자에 대한 내성이 약한 통신 장비들이 영향을 받을 수 있다고 설명했다. 실제 지난 1989년 캐나다 퀘벡 주에서는 이 입자가 변압기를 태워 주 전체를 9시간 동안 정전이 되게 했고, 북미 전체에 통신장애를 일으킨 적이 있다.

동아시아의 국지전

　인간과 전쟁은 불가분의 관계에 있다. 인간이 역사를 기록하기 시작한 이래 3,500년의 세월 동안 전쟁을 하지 않은 시간은 겨우 300년에 불과하다.

　때문에 인간의 역사란 수많은 국가가 명멸을 거듭한 전쟁의 기록이기도 하다. 그래서 혹자는 제2차 세계 대전 이후 지금 이 시기를 '전쟁의 휴식기'라 칭하기도 한다.

　그러나 여전히 전쟁의 불씨는 남아 있다. 세계 곳곳에서 벌어지는 대립과 분쟁이 그것이다. 전 세계에서 가장 위험한 지역으로 꼽히는 곳이 바로 동북아 지역이다. 그 이유는 지구 상에 존재하는 유일한 분단국이자 세계 4대 강국의 각축장인 한반도가 있기 때문이며, 세계를 위협하는 북한의 핵무기가 있기 때문이다.

　한반도를 둘러싼 동북아의 패권을 쥐기 위한 강대국들의 역학관계는 복잡 미묘하다. 아시아의 잠룡(潛龍)에서 세계 2위국으로 급부상한 중국과 이를 견제하는 미국과 일본, 조용히 판세를 관망하는 러시아, 끊임없이 남한을 도발하는 북한. 동북아의 외교안보 문제는 팽팽히 당겨진 고무줄과 같다.

　예로부터 한반도는 대륙과 해양을 잇는 지리적 요충지로 잦은 외세의 침입을 받았다. 이런 현상은 비단 과거에만 그치는 것이 아니다. 오늘날에도 마찬가지다. 현재 전 세계 어디에도 한반도 같은 위험 지역은 없으며 그중 가장 위험한 요소가 바로 '북한의 도발'이다.

2010년 11월 23일 북한군의 연평도 포격으로 인해 남북 간의 정세는 급격히 냉각됐다. 이 사건 직후 남측과 미국은 연평도 포격에 대해 무력시위라도 하듯 11월 28일부터 12월 1일까지 서해상에서 한미연합훈련을 실시했다. 12월 20일에는 주변국의 우려에도 불구하고 연평도 부근에서 남한 측의 독자대응 사격훈련을 실시하는 등 긴장 수위를 높이기도 했다.

동북아 지역을 위협하는 또 다른 요소 중 하나는 관련국 간 다자안보협력기구가 없다는 것이다. 현재 동북아는 미국-일본-한국, 중국-러시아-북한을 잇는 두 축이 첨예하게 대립하고 있다. 아직까지는 미국을 중심으로 움직이고 있지만 동북아의 패권을 노리는 중국의 영향력이 점차 커지고 있다. 여기에 자원민족주의를 앞세우며 조용히 밀고 내려오는 러시아도 무시할 수 없다.

일본의 영토 분쟁

현재 동북아 지역에서 가장 격렬한 분쟁 요소는 영토다. 독도, 센카쿠열도, 쿠릴열도를 두고 동북아 세 나라가 대치하고 있다. 독도 분쟁은 익히 알다시피 독도의 영유권을 두고 일본과 우리가 벌이는 싸움이다. 센카쿠열도 분쟁은 '동중국해 분쟁'으로 동중국해 남부에 위치한 5개의 섬을 두고 일본과 중국이 벌이는 분쟁이다. 쿠릴열도 분쟁은 홋카이도 위쪽 56킬로미터 지점에 위치한 4개의 섬을 두고 벌이는 일본과 러시아의 영토 분쟁이다. 세 곳 모두 풍부한 지하자원이나 유전이 매장돼 있어

200해리 배타적 경제수역을 확보하게 된다면 막대한 에너지자원을 확보할 수 있다.

특히 쿠릴열도는 세계 3대 어장 중 하나다. 또 동토의 땅 시베리아의 부동해로 러시아 잠수함의 주요 이동로다. 태평양 진출의 주요 요충지이기도 한 이곳이 막힌다면 러시아는 군사적으로 고립될 수밖에 없다. 센카쿠열도 또한 중국의 태평양 진출 전초기지인 동시에 일본 원유수입의 주요 수송로다.

일본 전문가들은 일본의 영토 분쟁에 대해, 일본정부가 영토는 국민적 자부심과 정통성을 유지할 수 있는 요소라 강조하고 있다며 때문에 정치적으로 이용하는 것이 많다고 지적한다. 일본이 보수우경화가 되면서 예전의 동북아 패권을 유지하기 위해 주변국을 자극하는 수단으로 이용한다고 설명한다.

현재의 동북아 정세로 볼 때 이 같은 긴장관계는 전환의 새로운 돌파구가 열리지 않는 한 지지부진한 줄다리기가 계속 될 것이다. 동북아의 분쟁은 더 이상 동북아만이 아니라 세계의 재난이다. 동북아의 평화는 인류의 평화를 기원하는 모든 사람들의 바람이다.

재난관리 시스템의 실태와 문제점

최근 지구온난화와 기후변화의 영향으로 기상이변, 유가폭등 등 예기치 않은 각종 재난이 연이어 발생하고 있으며, 재난관리의 필요성도 어느 때보다 중요하게 다가오고 있다.

이런 시점에서 재난관리는 복구에서 사전예방으로 그 개념이 변화되고 전환되어야 한다. 그리고 중앙정부와 지자체가 함께 작동하는 방재 시스템 구축을 통해 갑자기 발생하는 재난에 대비해야 한다.

재난관리법 체계

현재 우리나라 재난관리 체계는 자연재해의 대처를 목적으로 하는 '자연재해 대책법'과 인위재난의 대책과 모든 재난 시 체계적인 긴급구조 활동을 위한 '재난관리법', 그리고 전시 및 민방위 사태에 대처하기 위하여 제정된 '민방위 기본법'으로 3원적 법 체계를 구축하고 있다.

자연재해 대책법

자연재해로부터 국토와 국민의 생명, 신체 및 재산을 보호하기 위한 방재조직 및 방재계획 등 재해예방, 재해응급대책, 재해복구 기타 재해대책에 관하여 필요한 사항을 규정함을 목적으로 하고 있으며 자연재해 대책법에서는 재해를 태풍·홍수·폭풍·해일·폭설·가뭄 또는 지진 기타 이에 준하는 자연현상으로 인하여 발생하는 피해로 정의하고 있다.

재난관리법

인위재난에 관한 법은 1990년대에 들어 대형재난이 빈발하면서 1993년에 제정된 국무총리 훈령 제280조(재해의 예방수습에 관한 훈련)의 인위재난 유형별 주무부처 지정규정이 근간이 되었다. 1995년 삼풍백화점 붕괴 사고가 직접적인 계기가 되면서 인위재난에 관한 종합적인 재난관리법이 제정됐다.

민방위 기본법

적의 침공이나 전국 또는 일부 지방의 안녕과 질서를 위태롭게 할 재난으로부터 주민의 생명과 재산을 보호하기 위하여 민방위에 관한 기본적인 사항과 민방위대의 설치, 조직 편성과 대원 동원 등에 관한 사항을 규정하고 있다.

현행 재난관리 체계

한편 현재 우리나라는 재난관리를 위해 심의기구 및 수습기구와 긴급구조기구 그리고 상설 재난관리 행정조직이 운영되고 있다.

국가 재난관리와 관련된 심의기구는 국가 재난관리 대책을 심의하거나 국가 재난관리에 대한 정부정책을 심의·총괄·조정하는 등의 업무를 수행한다.

반면 국가 재난관리 수습기구는 재해응급 대책을 총괄 조정하거나 발생원인 조사 및 복구에 관하여 필요한 조치 등을 수행하도록 하고 있으며, 긴급구조기구는 재난 시 초기 인명구조 관련 사항을 총괄하도록 하고 있다.

국가 재난관리 체제는 민방위 기본법에서 포괄적으로 규정하고 있지만 재난 유형에 따라 자연재해와 인위재난 및 전시 사태로 분리된 운영 체제를 가진다.

이와 함께 재난이 발생했을 때와 재난을 가상한 재난예비훈련으로 구분하고 있으며 크게 예방단계와 준비단계로 구분한다.

예방단계

예방 또는 경감은 재난의 발생 가능성과 피해를 줄이려는 노력이며 주로 장기적인 전략이 사용된다.

태풍과 같은 자연재해는 발생 그 자체를 방지할 수 없지만 그 피해를 완화하기 위한 노력이 필요하므로 경감이라는 용어를 사용하고, 화재와 같은 인위재해는 노력에 의해 재난의 발생을 막을 수 있으므로 예방이라는 용어를 사용한다.

재난 경감대책은 장기적인 위험의 완화와 대비를 포함하는 잠재적인 재난의 발생에 대비한 모든 행동을 일컫는 집합적인 개념이다. 재난에 대한 사회적 대비능력을 향상시켜 손실과 재해의 충격을 완화하기 위한 대책과 사회 인프라의 물리적 강화 및 효율적인 투자를 포함한다.

이는 각종 재난의 위험을 경감시키기 위한 수단을 계획하고 집행하는 과정이며, 감수 가능한 위험의 용인수준을 결정하는 위험평가와 자원을 할당하는 정치적 의사결정에 기초하여, 재난 대비전략과 특별한 수단을 강구하는 것이다.

사회의 구성원이 재난 위험의 존재를 인정하고 이의 경감을 위해 의사결정과정에 영향을 미침으로써 한정된 재원을 할당받아 재난의 대비에 투자하는 장기적·정치적·정책적 과정에 중점을 둔다고 할 수 있다.

재난 경감대책은 하나의 기관이나 단체가 아닌 국가적인 차원에서 종합적으로 수립된다. 따라서 정부뿐만 아니라 민간부분에서도 참여하는 총체적인 노력이 필요하다. 재난 경감대책은 댐 건설, 방풍림 조성, 건축물의 내화·내진 구조화 등과 같은 구조적 경감대책과 교육훈련, 관련 법규 강화, 예상경보 시스템 준비, 토지 이용계획 등 비구조적 경감대책으로 구분된다. 구체적으로는 재난으로 인한 시민들의 정신적·물질적 피해를 경감하는 동시에, 재난에 대비한 가상 재난훈련 및 관리를 통해 사전에 큰 피해를 예방하는 것을 의미한다.

준비단계

재난대비는 비상대응, 복구, 재활을 위한 대비를 통하여 효율적으로 재난의 영향을 최소화하는 것을 목적으로 한다.

재난대비단계는 현재의 재난관리능력을 측정하여 대응능력을 강화하거나 적정한 능력을 유지하고 관리하는 과정으로, 발생 가능성이 높은 재난에 대비하여, 대응계획 수립과 조직의 훈련 등이 이루어지는 단계이다.

재난대응계획이 재난대비단계의 주요 내용이 되며, 정부차원의 전략적인 비상대비계획과 지방이나 민간 분야의 세부비상계획이 있다.

재난대비는 재해 위험요소평가, 계획, 조직, 정보전달 및 경보 체계, 자원, 반응구조 확보, 공공 교육·훈련, 연습의 순서로 진행된다.

또한 재난대비는 수동적인 대비와 능동적인 대비로 구분할 수 있다. 수동적인 대비는 재난 발생 시 행동지침 작성, 구호품의 준비, 동원인력 및 장비 목록의 작성 등이고, 능동적인 대비는 대비계획의 작성, 재해위험 감시활동, 대응요원과 지역주민의 훈련 등이다. 재난대비에는 재난예측과 대비수단의 강구, 효과적인 구조·구호·지원계획, 재난예측 시스템과 연결된 경보전달 체제의 확보, 재해 지역의 피난계획과 넓게는 안전정책의 수립, 표준규정과 절차, 대응조직 정비와 비상계획이 포함된다.

이와 같은 재난대비계획은 법적인 제도와 재난기금이 구비되어야 효과성을 확보할 수 있다.

재난대비는 재난이 발생했을 때 효과적인 대응을 하기 위한 대응능력을 개발하는 것이므로 이 단계에서는 재난방송 및 통신, 재난상황실, 재난대비 비상계획, 훈련 및 교육, 재난분석, 응원협정, 자원관리, 경보체제, 비상 시 정부기능 유지 등을 대상으로 한다.

특히, 이 중에서 비상계획과 훈련, 협조체제의 구축, 대응능력의 향상이 재난대비의 핵심이라고 할 수 있다.

과거의 재난을 경험으로 살펴볼 때 재난대비단계에서 주의해야 할 사항은 우선 비상계획 시 재난대비단계의 근간을 이루고, 통상적인 계획 수립절차가 아닌 특수한 절차가 필요하며, 공공 부문의 자원뿐만 아니라 민간 부문의 자원동원계획이 포함된다는 점이다.

비상계획

비상대비계획은 거의 모든 정부기관과 자치단체가 가지고 있지만, 실효성이 문제가 되고 있다.

이런 문제점은 우리나라뿐만 아니라 외국도 마찬가지로 가지고 있다. 그 원인은 계획 수립 당시 모든 관련기관이 참여하지 않거나 형식적으로 참여하며, 계획이 적시에 검토되어 보완되지 않고 과거의 계획을 반복 사용하고, 재난에서 발생할 상황을 충분히 예측하지 못한 채 계획이 작성되기 때문이다.

비상계획은 정치적 또는 행정적인 권한을 위임받아 계획 팀을 구성, 취약한 재난을 분석하고, 현재의 능력을 평가하는 것으로 절차를 수립한다.

그리고 재난의 대비·대응·복구에 참여하는 공공기관·민간기관·봉사단체 등이 모두 참여해 그들의 능력·요구사항·자원을 평가하는 순서로 진행한다.

비상계획은 기본계획과 기능별 계획·재해별 계획으로 구분된다. 기본계획은 비상사태를 관리하기 위한 기본정책과 계획·권한·절차 등을 정한 것으로, 특히 재난에 대응하는 모든 관련 기관의 임무와 책임·지휘·통제·조정방법 등 기본적인 것을 대상으로 한다.

기능별 계획은 통신, 언론 및 공보, 지휘통제, 비상조직, 경보절차, 주민구호, 오염통제 및 감시, 비상지원, 자원관리, 정부의 기능유지 등을 대상으로 담당 기능별로 수립한 계획을 말한다.

재해별 계획은 재해의 종류와 특성에 따라 특별히 필요한 기술정보와 대응방법 등을 정하는 것으로 방사능 재해, 지진과 같은 특수한 재난의 경우 그 필요성이 더 커진다.

지휘통제

재난 현장에서의 지휘통제는 대응의 긴급성으로 인해 자주 문제가 된다. 대응하는 기관 및 단체 또는 개인 간에 다툼(turf battle)과 혼란이 빈번하게 발생하기 때문이다.

혼란은 재난이라는 극한 상황에서 권한과 책임의 경계가 분명하지 않을 때 발생하기 쉽다. 예컨대, 누가 누출된 독극물을 처리할 책임이 있는가, 어느 기관이 대형병원에 입원 중인 환자를 대피하도록 명령을 내릴 것인가 등이 명확하지 않는 데서 오는 혼란이다.

이런 문제점은 대응조직의 이질성, 통신 및 의사소통 미흡으로 인한 정보공유 미비, 기관별 독자적인 대응계획과 자원관리, 재난상황 예측 곤란 등에서 기인하며, 결국 비합리적인 대응과 자원낭비를 초래한다. 현장지휘 체계는 공통된 조직구조를 가지고 특정 목적을 달성하기 위한 통합된 인력·정책·절차·장비의 집합을 말하며 재난에 대응하는 모든 대응기관을 지휘통제하기 위한 체계다.

국내 재난관리의 문제점

중앙방재조직의 문제점

긴급재난·재해가 발생했을 때 이에 따라 긴급대처방안을 마련하고 지휘하고 총괄하는 조직이 필요하다. 이 조직으로 재해대책위원회와 중앙재해대책본부가 있다.

하지만 재해대책위원회는 방재관련계획의 심의기능만을 가지고 있기 때문에 재해가 발생했을 때 대처할 수 있는 기능을 가지고 있지 않다.

중앙재해대책본부는 재해복구계획 수립, 재해예방대책 수립, 재해응급대책 등의 심의를 하며 발생한 재해에 대한 집계, 인력 동원, 부처 간 협조 등에 관한 총괄업무를 수행하기도 한다. 반면 화재가 발생했을 때 중요한 사항을 실시간으로 판단하고 결정하는 조직이 필요하지만 이러한 상황에 적합한 기구를 가지지 못하고 있다.

지방방재조직의 문제점

현재 재해대책에 관련된 조직인 광역자치단체는 방재담당 공무원이 5~6명이고 기초자치단체는 2~3명으로 재해 발생 시 필요한 인원이 엄청나게 부족하다.

그리고 방재관련조직은 담당업무의 특성상 책임감과 전문성이 중요시되기 때문에 순환 보직제에서는 기피 부서로 인식되고 있다.

또한 중앙부처와 같이 지방자치단체 역시 구조조정에서 방재관련조직이 축소되고 있고 시·군 단위에서는 재난과 재해관련조직이 통합되는 경우도 있어서 중앙과 지방과의 조직이 일원화되지 않는다는 것이 문제로 지적되고 있다.

우리나라 재난관리 체계의 문제점

우리나라 재난관리 체계의 문제점은 커다란 인적 재난이나 자연재해가 발생할 때마다 꾸준히 지적돼 왔다.

우선 자연재해와 인적 재난을 통합하는 재해관리 시스템의 부재를 들 수 있다. 점검과 수습의 통합조정 및 재해 시 초동대처가 취약한 조직 체계 또한 문제로 나타나고 있다. 또한 재난관리 인력의 양적·질적 부족과 예산의 부족도 큰 문제점으로 지적되고 있다.

그중 재난 발생 직후의 재난관리의 대응·복구에 대한 매뉴얼의 한계, 유기적인 지원 체계의 부재, 인명구조 중심, 위기관리대응 시스템 부재 등이 항상 지적되고 있다.

이제는 재해의 예방·대비·대응·복구의 과정이 과학적이고 효과적으로 이루어지는 것이 필요한 시점이다.

한편 정책적 측면에서 재난관리의 중요성, 그중에서도 특히 복구관리가 일정의 배분적 성격을 가진 것도 문제점이다. 복구관리에 투자되는 막대한 재원이 어떤 기준에 의하여 어디에, 누구에게 그 혜택이 돌아가느냐 하는 측면은 재난관리가 단순한 기술적 측면이 아닌 가치(부)의 배분이라는 점에서 정책적 중요성이 높다.

그런 점에서 인명구조 중심 위기관리 대응 시스템 부재라는 한계를 드러내고 있다. 즉 자연재해와 인적 재난을 통합하는 재해관리시스템의 부재, 점검과 수습의 통합조정 및 재해 시 초동 대처가 취약한 조직 체계, 재난관리 인력의 양적·질적 부족과 예산의 부족, 형식적인 재난관련 업무를 수행하게 되는 구조적인 문제, 긴급구난 체계, 방재지침, 방재대책의 미흡, 재난과 재해에 대한 연구기능의 미흡, 예방보다는 상황처리와 복구에 초점을 맞추는 것 등이 그렇다.

공무원 재난관리 전문가의 부족

정부에서는 재난관리의 체계적인 확립을 위해 현재 공무원과 국민을 대상으로 재난관련 교육을 실시하며 인프라 구축에 힘을 쏟고 있다.

우선 재난관련 교육을 하는 곳으로 국립방재교육연구원을 들 수 있다. 이곳에서는 연평균 8,300여 명에 이르는 방재관련 교육생을 배출한다.

국립방재교육연구원의 경우 2011년 방재교육계획을 통해 재난안전교육, 민방위교육, 생활안전교육, 국제방재교육, 사이버교육 등 총 82개 과정을 교육했다.

한국BCP협회 또한 재난관련 전문가 양성을 위해 재난관리사와 재난관리지도사 교육을 실시하고 있다. 협회는 이 재난교육을 통해 재난관리 정책방향을 이해하고 실무수행과정에 반영함으로써 재난관리의 역량을 강화하고 있다.

그러나 교육대상의 확대 및 다양화, 새로운 교육 프로그램의 개발 등 외적인 성장에도 불구하고, 선진국의 재난교육기관과 비교하면 민·관·학을 아우르는 총괄적인 국가방재교육이 부족한 것이 우리의 현실이다.

일례로, 미국 재난관리교육기관인 EMI(Emergency Management Institute)는 매년 '방재교육컨퍼런스'를 개최하여 대학·지방정부·민간기관 등 방재교육 관련기관에게 새로운 기술 및 교육과정 등을 소개하고 발전방안을 모색하는 등 민·관·학을 연결하는 통합적인 방재교육기관으로의 역할을 하고 있다.

이러한 선진국의 방재교육의 중요성에 대한 인식은 하루아침에 이루어진 것이 아니라, 오랜 기간을 통해서 자연재해를 겪으면서 축적된 노하우를 정책에 반영하고 실행한 것이다.

미국과 일본 등 외국의 경우 재난이 발생했을 때 지방자치단체가 재난관리의 1차적 책임을 지고 지방의 특색에 맞게 대처하고 있다.

미국의 경우 STAFFORD법에 근간을 두고, DHS 산하 FEMA(상설)에서 재난관리를 지휘하고 있으나, 대체로 지방 위기관리국(EMA)과 방재담당 부서에서 모든 책임을 지고 재난에 대응하고 있으며, 대규모 재난의 경우에만 연방정부의 지원이 있다.

일본도 재해대책기본법에 기초하여, 지방방재회의 및 지역 위기관리감과 지역의 소방본부 및 소방서가 주축이 된 지방자치단체가 1차적으로 대응하고 대규모 비상재난 시에만 총리주재 비상재해대책본부나 긴급재해대책본부가 설치된다.

하지만 우리나라의 경우 지방자치단체가 재난관리에 있어 중앙정부에 대한 의존도가 높고, 1차적인 초기대응을 효과적으로 수행하지 못하고 있는 실정이며 중앙과 지방의 대응책임이 불분명하여 효과적인 재난대응의 시기를 놓치는 경우가 허다하다.

이 같은 상황에서 앞으로 복잡·대형화되고 있는 재난에 효

율적으로 대응하기 위하여 공무원 재난관리교육의 필요성이
제기되고 있다.

재난관리 전문가들은 재난관리의 가장 기본적인 원칙이 자
연재해, 인적 재난, 사회적 재난으로 인한 피해, 즉 생명이나 재
산손실을 예방하거나 최소화하는 것인데, 현재 정부기관 및 각
재난관련기관의 교육은 여전히 부족한 편이라 지적한다.

또한 부족한 인력에서 만족할 만한 재난대응 체계 구축도
부족하다는 지적도 나온다. 사후약방문(死後藥方文)식 재난대
응·대처에서 벗어나 사전에 예방하고, 재난 발생 시 이를 효율
적으로 운영·관리할 수 있는 재난관리교육의 중요성이 필요한
시점이다.

허술한 재난안전통신망 시스템

재난안전통신망이 허술하게 구축된 것도 문제다. 2010년 10
월 23일 오후 북한의 연평도 포격 당시 연평도 휴대전화 송수
신에 장애가 초래된 적이 있었다.

당시 옹진군과 통신업계는 북한군의 포격 이후 연평도 전역
에서 통신사 기지국이 마비되면서 휴대전화 송수신에 장애가
있었다고 밝혔다. 방송통신위원회 관계자도 정전으로 인해 무
선기지국에 문제가 생겨 일부 통신이 두절된 것 같다며 포격으
로 인해 일부 송전탑 및 전신주가 파손된 것으로 파악하고 있
다고 전했다.

이같이 재난 발생 시 신속하게 정보를 제공할 수 있는 재난

통신망의 마비도 큰 문제점이다.

당시 사건에 대해 한 정보통신정책연구원은 사고 정황상 포격에 의한 화재로 무선기지국이 소실된 것으로 보인다며 섬 같은 특수한 곳에서는 문제가 발생하면 관련기관들의 신속한 복구가 최선의 방법이라고 말했다.

또 서울과 같은 도시의 경우 무선통신망의 보조역할 수단으로 차량을 이용한 이동통신이 가능하지만, 섬이라는 특수한 상황에서는 비용 등 여러 가지 상황상 기대하기 힘들기 때문에, 통신재난이 발생하면 신속한 복구가 가장 좋은 방법이라 밝혔다.

2G는 되고 3G는 안 되는 재난문자방송서비스

2011년 7월 서울·경기·강원 북부 지역에 최고 679.5밀리미터의 많은 비가 내려 산사태 등으로 인한 인명피해와 침수, 교통통제 등의 피해가 발생했는데, 이 같은 위험을 알려 주는 재난문자방송서비스가 있었다. 그런데 국민 10명 중 6명은 재난상황에서도 재난문자를 받을 수 없었다.

전체 휴대전화 가입자 5,177만 명 중 3세대(3G) 휴대전화 가입자 3,311만 명(64퍼센트)은 홍수나 태풍, 폭설 등 재난이 예상될 때 보내지는 재난문자방송서비스(CBS:Cell Broadcasting Service)를 받지 못한다. 이는 소방방재청이 스마트폰 등 3세대 휴대전화 사용자들의 3세대 통신망에 맞는 CBS를 구축하지 못했기 때문이다.

재난통신은 재난이나 재해 발생 시 정보통신기술을 이용하여 재난을 극복하는 데 필요한 다양한 통신 수단을 제공하는 데 필요하다.

재난통신은 일반적으로 비상통신(ETS: Emergency Telecommunications Service)과 구호통신(TDR: Telecommunications for Disaster Relief)으로 구분된다.

먼저, 비상통신은 재난이나 재해, 전쟁 등이 발생했을 때 국민의 재산과 생명을 보호하고 법 집행 등 국가의 기능을 유지하는 데 필요한 통신서비스를 일컫는다. 즉 재난상황 발생 시 정보통신 기술을 활용하여 국가의 필수 기능을 유지하기 위한 통신서비스다. 반면 구호통신은 경찰·소방·의료기관 등 구호기관들 내부의 통신수단 혹은 그들 상호 간의 통신수단을 의미한다.

긴급 또는 재난복구 활동 시, 구호통신 이용자는 공중통신망을 통해서 우선순위 통신을 제공받을 수 있다.

좁은 의미로 현장지휘통신이라는 용어도 사용된다. 현장지휘통신이라는 것은 재난이나 재해 현장에서 구호기관들 간의 통신과 체계적인 지휘활동을 보조하기 위하여 제공되는 통신서비스를 말한다.

2001년 미국의 9·11테러 발생 시 소방·경찰·의료기관 간의 통신이 이루어지지 못하여 많은 희생자가 발생한 것을 계기로 현장에 투입되는 구호기관들 간의 통신수단에 대해 상호운용성의 중요성이 부각되었다.

따라서 이러한 통신재난에 의한 피해를 최소화하기 위하여 예방대책을 강구하고, 대비 체제를 수립하며, 신속한 대응과 복구가 가능하도록 하는 것이 바로 통신재난관리다. 통신재난관리는 안정적이고 신뢰할 수 있는 정보통신서비스 제공의 기본적인 핵심요소라고 할 수 있다.

통신재난관리가 성공하려면, 통신재난관리의 전문성 확보, 철저한 사전대비 체제 및 대응 체제의 확립, 사업자 간 협력 기반 구축이 돼야 한다. 통신재난관리의 전문성 확보는 정책의 전문성과 관리기술의 전문성으로 나눌 수 있다. 정책의 전문성은 정책 및 계획수립과 집행 체계의 전문성을 의미한다.

재난통신 및 방송은 특히 태풍·폭우·폭설과 같은 자연재해나 지하철 화재, 대형 건물 붕괴와 같은 인위재난, 그리고 테러나 파업 등의 사회적 재난 등 각종 재난 상황에서 국민의 생명과 재산을 지키고 공공의 안전을 보장하기 위하여 행해지는 각종 통신수단을 의미하며, 신속·정확하고 일사불란하게 재난 대응 및 재난관리 업무를 수행하기 위하여 반드시 필요하다. 재해를 예방하고 재난에 대응하는 국가지휘 무선통신망은 국가를 지키는 국방의 의무만큼 절실하게 필요한 국가 재난 대응을 위한 필수 무선통신망이다.

우리나라도 다양한 원인에 의해 발생되는 재해 및 재난상황에 대비하여 정부 주도로 비상통신망 및 체계를 구축함으로써 효율적이고 신속한 재해 및 재난 대응 체제를 갖추어야 한다. 그리고 대국민 서비스 차원에서 비상통신서비스의 제공을 위한 국가비상통신 체계 확립에 관한 연구 및 비상통신 관련 표준화 등을 위한 정부 차원의 적극적인 지원이 필요하다.

국민들의 재난불안

사실 가장 문제가 되는 것이 바로 국민들의 재난에 대한 불안과 정부 불신이다.

2011년 취업포털 사이트 '사람인'이 성인남녀 1,198명을 대상으로 '대규모 자연재해가 우리나라에도 일어날 수 있다는 불안감을 느끼는지'에 관한 설문을 진행한 결과, 89퍼센트가 '느낀다'라고 답했다.

느끼는 정도를 자세히 살펴보면, '어느 정도 느낀다'(59.6퍼센트), '매우 많이 느낀다'(29.4퍼센트)였다. 또, 이들 중 82.5퍼센트는 최근 일본 대지진으로 불안감이 더 커진 것으로 나타났다.

자연재해와 관련한 불안 요인으로는 '시기, 규모를 예측할 수 없는 것'(66.4퍼센트, 복수응답)이 1위를 차지했다. 다음으로 '생명의 안전이 보장되지 않는 것'(53.8퍼센트), '내진설계 등 사전 대비가 미비한 것'(51.9퍼센트), '재난 경보시스템 등 대응 체계가 미흡한 것'(49.3퍼센트), '폭력, 도난 등 사회적 혼란이 발생하는 것'(39.7퍼센트), '개인적으로 대처방법을 모르는 것'(34.2퍼센트), '재해 복구가 어려운 것'(27.6퍼센트) 등이 뒤를 이었다.

가장 두려운 자연재해로는 '지진'(43퍼센트)을 첫 번째로 꼽았다. 이어 '해일'(쓰나미, 28.4퍼센트), '태풍'(8.1퍼센트), '화산폭발'(6.9퍼센트), '홍수'(5.3퍼센트) 등을 꼽았다.

반면, 자연재해에 대한 불안감을 느끼지 않는 응답자(132명)는 그 이유로 '실제 겪은 일이 아니라 체감하지 못해서'(52.3퍼센트, 복수응답)를 가장 많이 선택했다. 이외에 '우리나라는 안정권에 속하는 것 같아서'(28.8퍼센트), '재해 발생 확률이 낮아서'(28퍼센트), '관심이 없어서'(19.7퍼센트) 등의 순으로 결과가 나왔다.

한편, 우리나라 자연재해 대비책에 대해서는 무려 91.6퍼센트가 '미흡한 수준'이라고 답했으며, 이런 현황에 대해 85.9퍼센트가 불만을 가지고 있었다. 이는 성인남녀 10명 중 9명은 최근 호주 홍수, 일본 강진 등 세계적으로 일어나고 있는 대규모 자연재해가 우리나라에도 일어날 수 있다는 불안감을 느끼지만 이에 대한 국가의 대비책이 부족하다고 인식하고 있다는 것을 보여주는 것이다.

효율적인 재난관리를 위해

현재 국가 위기관리 체계의 구축, 각종 재난제도의 도입, 사전 예방적 재난관리를 위한 정부 예산의 투입 등 재난관리를 위한 다양한 노력들이 이루어지고 있다. 이러한 노력들이 지속된다면 미래에는 우리가 원하는 재난관리 선진국으로 발돋움할 수 있다.

그러기 위해서는 외교·군사 등과 같은 전통적 안보 분야뿐만 아니라 재난, 국가핵심기반과 같은 비군사적 분야도 국가 안보로 다루는 '포괄적 안보' 개념에 의한 국가 위기관리 체계를 구축해야 한다.

이러한 노력은 지난 2003년 4월 청와대의 NSC사무처를 확대 개편하여 위기관리센터를 설치한 데 이어 소방방재청을

2004년 6월 발족시키면서 본격화됐다.

정부는 이를 통해 다양한 국가적 위기에 효율적으로 대처하고 비교적 적은 예산으로도 효율적인 성과를 거둘 수 있는 구조를 만드는 데 노력했다.

이에 따라 정부 전체 위기관리 활동의 통일성을 유지하기 위하여 대통령 훈령이 만들어졌다.

정부는 재난관리에 더 효율적으로 대응할 수 있도록 위기관리 문서(33개 표준매뉴얼, 278개 실무매뉴얼, 2,339개 현장조치 행동매뉴얼)를 2004년부터 2006년까지 잇달아 수립했다. 수립된 각종 매뉴얼에 입각한 정부의 연습과 훈련이 실시되면서 위기(재난) 대응능력이 향상되고 있다.

한편 재난관리 전담기관인 소방방재청의 체계적인 제도개선 노력은 구조적 대책을 강화하기 위한 각종 재난관리 제도의 도입·정비로 나타났다.

그 결과로 우리의 재난관리를 획기적으로 변화시킬 수 있는 풍수해보험법, 다중 이용업소안전관리에관한특별법이 제정됐으며 각종 재해 기준의 강화와 새로운 제도 도입에 따른 법률 제정 노력이 계속되고 있다. 지진재해경감대책법, 급경사지재해예방에관한법률, 구호자보호에관한법, 안전문화진흥법 등이 그것이다.

이와 함께 원상복구 위주가 아닌 사전 예방적 복구 개념을 적용하는 방향으로 정책을 추진하고 있다.

정부는 효율적인 국가 위기관리 체계의 구축, 각종 재난관리 제도의 도입, 사전 예방적 재난관리를 위한 정부 예산의 투입 등을 통해 지금까지 뒤를 쫓아가던 재난관리에서 벗어나 앞서가는 재난관리를 추진하고 있다.

미래의 재난관리

미래의 재난관리는 재난 인프라와 사회적 기능의 융합에 의한 재난관리가 이루어질 것이다. 이를 위해 정부는 정확한 기초 데이터를 만들고 이를 통해 재난 인프라를 구축하고 활용할 방침이다.

앞으로는 집중호우로 인한 범람의 위험성이 있어 주민들을 대피시킬 때, 강수량에 따른 범람과 범람의 범위를 과학적으로 판단해 지시할 수 있을 것이다.

과거와 같이 집중호우로 인한 피해가 예상되니 위험 지역의 주민들은 대피하라는 식의 형식적인 구호는 이제 지난 이야기가 될 것이다. 또 국민 개개인에게 정확한 위험의 수준을 전달하여 행동을 유도할 수 있는 시스템이 갖춰질 것으로 예상된다.

이를 위해 과학적 데이터를 구축하고 있다. 미래에는 자연재해대책법에서 규정하고 있는 침수흔적도, 침수예상도(홍수 또는 해일), 재해정보지도 등 각종 지도들을 국민들에게 제공할 것이며 디지털로 제작하여 재난관리에 활용할 수 있을 것으로 예상된다.

제대로 제작된 전자지도는 과학적인 재난관리뿐만 아니라

다른 사회적 기능과 융합하여 효율적인 재난관리가 이루어질 수 있는 여건도 제공한다.

미국은 지역별 재난위험 평가에 의해 재해빈도를 결정하고 이에 근거하여 홍수지도·지형지도·토양지도·위치도 등을 제작하고 디지털화하여 다양하게 활용하고 있다.

이러한 전자지도는 재난담당자가 강수량에 따라 범람 지역을 파악한 후 침수대상 지역 주민을 대피시키는 데 이용한다.

인터넷에 공개하고 있는 홍수지도 등 전자지도는 건축물의 구조와 형태, 그에 따른 침수 등 재난 위험성을 파악할 수 있도록 제작되어 홍수 보험료 산출의 기초가 된다. 나아가 건축물의 구입 시 모기지론 융자 가능성, 이에 따른 세원의 포착 등도 할 수 있는 기초가 된다. 고구마의 뿌리처럼 사회의 여러 요소들과 줄줄이 연결하도록 한 것이다.

전자지도가 있으면 건축물 구매자는 대상 건축물의 위험성·보험료 등을 고려하여 자연히 재난 위험성이 적은 지역의 튼튼한 건축물을 구입하게 된다. 자연스럽게 재해예방 시스템이 작동한다.

보험 등을 통한 자율적인 재난관리

국가의 경우 미래에 닥칠 위험으로부터 이를 예방하기 위한 국가적인 재난보험 시스템을 강화할 필요가 있으며, 사회 구성원의 경우 재난관련보험을 통해 미래의 위험요소를 줄여 나가는 것이 필요하다.

우리나라도 재난을 당했을 때 이를 보상하기 위한 시스템이 발전해 왔고 더욱 발전할 것이다.

현재 기름오염 등과 자연 재난 분야에서 농업재해보험 외에 풍수해보험이 실시되고 있지만 국민 부담이라는 문제가 있다. 재난 분야에서 보험제도를 확대하면 자율적으로 재난을 예방하고 대비하려는 노력이 많아질 것이다.

우리나라에 진출한 다국적 기업의 경우 재난 발생으로 인한 업무 불능 시의 대책 등에 대한 노력이 보험요율에 반영되기 때문에 스스로 BCP(Business Continuity Process) 훈련을 실시한다.

안전벨트 착용률을 예로 들어 보자. 지금과는 달리 1990년대 초만 하더라도 운전자가 안전벨트를 착용하면 소심하고 남자답지 못한 행동으로 취급받던 때가 있었다.

안전벨트의 착용 여부는 교통사고 시 운전자 사망과 밀접하게 연관되어 있기 때문에 정부는 국민들의 안전벨트 착용 생활화를 위해 많은 노력을 했다.

자동차 운전자로 하여금 안전벨트를 착용케 한 것은 교통경찰의 단속과 정부의 홍보가 어느 정도 작용했지만은 실은 보험의 도입이 컸다. 교통사고 시 운전자의 안전벨트 착용 여부가 보험 보상금의 규모를 결정한다는 것을 국민들이 알자 안전벨트 착용률이 높아진 것이다.

만일 주택화재보험이 의무적이라 가정했을 때 집 안의 소화기 비치 여부가 보험료 산출에 크게 작용한다면 누구나가 소화기를 갖출 것이다.

모두가 소화기를 갖추고 있다면, 주택에서 화재가 발생했을 때 신속한 초기대응이 가능해져 주택화재로 인한 피해가 상당량 감소할 것이다.

이처럼 보험제도의 도입은 자연스러운 재난관리의 수단이 될 수 있다.

이런 과정 속에서 재난관리는 정부의 주도하에 전 국민의 참여를 통한 재난관리 체계로 구축될 수 있다. 시민과 NGO 등의 참여로 재난관리 시스템이 이루어지는 것이다.

재난관리의 경우 지역사회 주민의 안전한 생활을 위하여 중앙행정기관, 주민, NGO, 지방자치단체 등의 다양한 행위주체들이 의사결정권을 공유하고 상호조정과 협력의 네트워크를 통해 재난관리 기능을 수행할 것이다.

또 재난관리시스템은 재난관리와 관련된 각 중앙부처, 유관기관, 광역 및 기초자치단체, 민간 기업, NGO, 주민 등과의 업무 조정 및 협조, 지시 등이 원활하게 이루어질 수 있도록 만들어질 것이다.

오늘날과 같은 위험사회에서는 국가뿐만 아니라 시민사회 조직에서 그리고 개인으로서 지구촌 사회의 다른 구성원들과 함께 한다는 인식을 갖는 것이 요구된다.

우리나라는 재난관리에 있어서 민간부문의 기업이나 비정부 조직, 자원봉사 조직의 활용이나 참여가 제대로 이루어지지 못하고 있지만 미래에는 재난관리를 통한 국가재난관리 체계의 구축으로 공공 부문, 비정부/비영리 부문, 기업 등 민간영역 사이의 협력과 조정이 이루어질 것으로 예상된다.

자연에 순응하는 재난관리

아무리 인간이 노력한다 하더라도 거대한 자연의 힘 앞에는 불가항력적인 면이 있다. 2005년 8월 허리케인 카트리나에 의해 피해를 입은 미국의 지역은 거의 한반도 크기만 하다. 특히 뉴올리언스 시는 폰챠트레인 호수의 범람에 의한 피해가 대부분인데 이는 저지대를 개발, 이용하기 위해 인위적으로 쌓은 둑이 무너진 데 원인이 있다.

피해가 복구된다 하더라도 언젠가 또 많은 비가 와서 똑같은 피해가 반복되지 않는다고 누구도 장담할 수 없다. 피해에 대한 대책으로 시설을 강화하고 지류에 물막이 공사를 하지만 근원적인 해결책이라 볼 수 없다.

우리나라도 2003년 9월 태풍 매미로 인해 마산 지역에 해일로 인한 많은 피해가 발생했다. 피해 지역은 매립지였는데 주민들에 의하면 해일로 인해 물이 들어온 곳은 개발 전에 바다와 육지의 경계 지역이었다. 매립을 하지 않았다면 피해를 안 봤을 것이라는 뜻이다.

결국 인간의 과도한 탐욕이 이러한 대형피해를 불러일으키는 원인이 된다. 인간이 할 수 있는 선진적 재난관리와 무리하지 않고 자연의 흐름에 따를 수 있는 사회적 합의가 어우러질 때 미래의 재난관리가 완성될 것이다.

재난관리 선진국으로 가는 길

지금까지 재난관리 선진국이 되기 위한 기초적인 부분에 대하여 언급했다. 이것 말고도 많은 일들이 먼저 해결돼야 한다.

물론 방재산업의 육성과 최신 IT기술의 사용 등 많은 요인들을 현재 소홀히 하는 것은 아니다. 재난관리는 위험과 재난이 발생하는 복합적인 원인으로 아무리 완벽한 대책일지라도 한계를 지닐 수밖에 없다.

정부는 이 같은 문제점을 파악하고 대책을 통해 사회 구성원들이 스스로 움직일 수 있는 방안을 생각해 내야 한다.

재난이 발생했을 때 바쁘게 움직이는 것이 아니라 평시 사회의 시스템 속에서 자연스럽게 재난관리 시스템이 작동되고, 그 시스템이 재난 발생 시 피해를 최소화하는 것이 가장 이상적이다. 그렇게 되도록 제도와 대책을 만들었을 때 우리나라는 진정한 재난관리 선진국이 될 수 있다.

참고문헌

국립방재연구소, 『선진외국의 보험제도 운영체제 연구』, 국립방재연구소, 2003.

김경안·유충, 『재난 대응론』, 도서출판 반, 1988.

김태환, 『재난관리론』, 백산출판사, 2010.

김홍태, 「지방자치단체의 방재계획제도의 확립에 관한 연구」, 『21세기 국가위기관리체제론』, 오름, 2005.

박경수, 『지방자치단체의 관리체계에 관한 연구 : 서울특별시를 중심으로』, 서울시립대학교, 2009.

서울시립대학교 도시방재연구센터, 『예방·대응·수습단계별 재난관리 매뉴얼 개발』, 서울시립대학교, 1997.

서울시 시정개발연구원, 『서울시 위기관리체계구축에 관한 연구』, 서울시 시정개발연구원, 1995.

오금호 외, 『국가재난위험지도 구축을 위한 기초연구』, 국립방재교육연구원, 2006.

오금호 외, 『안전문화운동 활성화방안 연구』, 국립방재교육연구원, 2007.

이근재, 『재난관리의 효율적 운영방안에 관한 조사연구』, 한양대학교, 2002.

이재수, 『자연재해의 이해』, 구미서관, 2010.

이재은 외, 『재난관리론』, 대영문화사, 2006.

이재은 외, 「위기관리 이론과 실천」, 『한국위기관리논집』 제5권 제1호, 위기관리회, 2009.

한국정보통신기술협회(TTA), 「ICT Standardization Roadmap 2009」, 한국정보통신기술협회, 2009.

대한민국 리스크 — 재난편

한반도 대재난, 대책은 있는가

펴낸날	**초판 1쇄 2012년 2월 1일**

지은이	**이정직**
펴낸이	**심만수**
펴낸곳	**(주)살림출판사**
출판등록	**1989년 11월 1일 제9−210호**

경기도 파주시 문발동 522−1

전화 **031)955−1350**   팩스 **031)955−1355**

기획 · 편집 **031)955−1395**

http://www.sallimbooks.com

book@sallimbooks.com

ISBN 978−89−522−1698−4   04080

※ 값은 뒤표지에 있습니다.
※ 잘못 만들어진 책은 구입하신 서점에서 바꾸어 드립니다.

책임편집 **전두현**